Wokgerichte

Parragon
Queen Street House
4 Queen Street
Bath BA1 1HE, UK

Übersetzung aus dem Englischen: Birgit Lamerz-Beckschäfer, Datteln
Satz und Redaktion: Roman Bold & Black, Köln; Dorit Esser · lektorat plus, Berlin
Koordination: Antje Seidel, Köln

ISBN 1-40540-390-X

Manufactured in China

HINWEIS

Sind Zutaten in Löffelmengen angegeben, ist immer ein gestrichener Löffel gemeint. Ein Teelöffel entspricht 5 ml, ein Esslöffel 15 ml. Sofern nichts anderes angegeben ist, wird Vollmilch (3,5 % Fett) verwendet. Bei Eiern und einzelnen Gemüsesorten, z. B. Kartoffeln, verwenden Sie mittelgroße Exemplare. Pfeffer sollte stets frisch gemahlen werden. Sofern die Schale von Zitrusfrüchten benötigt wird, verwenden Sie unbedingt unbehandelte Früchte.

Die Nährwertangaben der einzelnen Rezepte beziehen sich auf eine Portion bzw. Person. Zutaten, die alternativ oder zur geschmacklichen Verfeinerung angegeben sind, werden bei den Nährwertangaben nicht berücksichtigt. Die angegebenen Zeiten können von den tatsächlichen leicht abweichen, da je nach verwendeter Zubereitungsmethode und vorhandenem Herdtyp Schwankungen auftreten.

Kinder, ältere Menschen, Schwangere, Kranke und Rekonvaleszente sollten auf Gerichte mit rohen oder nur leicht gegarten Eiern verzichten.

Inhalt

Einleitung 4
Warmer Tofusalat 6
Chinesischer Salat 7
Karotten-Orangen-Pfanne 8
Kartoffeln Thai-Art 9
Grüne Gemüsepfanne 10

Gemüsepfanne mit Eiern 11
Gemüsepfanne mit Tofu 12
Japanische Nudelpfanne 13
Pak Choi mit Cashewkernen 14
Nudeln thailändische Art 15

Seeteufel mit Ingwer 16
Lachs mit Ananas 17
Kabeljaupfanne mit Mango 18
Garnelen mit Cashewkernen 19
Muscheln in Bohnensauce 20
Hähnchen mit Orange 21

Ingwer-Hähnchen 22
Sesam-Erdnuss-Hähnchen 23
Grüne Hähnchenpfanne 24
Chili-Hähnchen 25
Pute mit Preiselbeeren 26
Scharf gewürztes Rindfleisch 27

Rindfleisch mit Pak Choi 28
Rindfleisch mit grünen Erbsen 29
Pfeffer-Rind mit Nüssen 30
Lammfleisch in Austernsauce 31
Lammpfanne mit Ingwer 32

Einleitung

Das Kochen mit dem Wok ist nicht nur eine besonders gesunde Garmethode, sondern bietet auch den Vorteil, dass Farbe und Aroma der Zutaten erhalten bleiben. Da die Speisen im Wok meist sehr schnell gar werden, gehen kaum Nährstoffe verloren, und Gemüse bleibt schön knackig. Dazu dürfen allerdings jeweils nur geringe Mengen auf einmal im Wok gebraten werden. Saucen sollte man erst relativ spät hinzugeben, doch sorgen sie erst für die faszinierende Vielfalt der Aromen.

Asiatische Küche

Das Kochen im Wok – auch Pfannenrühren genannt – wurde vor Jahrhunderten in China erfunden und ist dort noch heute die gängigste Garmethode. Diese ausgesprochen preiswerte Zubereitungsart, die ein Garen mit wenig Brennstoff ermöglicht, verbreitete sich rasch in ganz Asien. In China, wo die Methode *chow* genannt wird, brät man die in dünne Streifen geschnittenen Zutaten in wenig Fett und hält sie dabei mit Bambusstäbchen ständig in Bewegung, damit die Stücke ringsum gleichmäßig gar werden.

Unter unterschiedlichen Namen werden diverse Arten von Wok-Pfannen überall in Asien verwendet. In Indien etwa heißt sie *karahi*, während in Indonesien ein *wajan* als bevorzugtes Gerät für die Zubereitung pfannengerührter Gerichte benutzt wird. Die Rezepte in diesem Buch machen Sie mit der sagenhaften Vielfalt asiatischer Kochkunst vertraut, von Nudeln thailändische Art bis zu Kabeljaupfanne mit Mango.

Gesunde, aromatische Speisen

Das Pfannenrühren ist eine der vielseitigsten Zubereitungsarten für die ernährungsbewusste Küche. Im Wok wird Gemüse extrem kurz in sehr wenig Fett und unter ständigem Rühren gegart, so dass die wertvollen Nährstoffe weit gehend erhalten bleiben und das Gemüse gleichzeitig wunderbar knackig serviert werden kann. Durch die Zugabe verschiedener Kräuter und Gewürze lassen sich z. B. in Minuten leckere fleischlose Vorspeisen zaubern.

Als Kohlenhydratlieferanten, die den Körper nur allmählich mit Energie versorgen, werden häufig Reis und Nudeln in den Rezepten verwendet. Auch sie spielen in einer gesunden Ernährung eine wichtige Rolle. Ein weiterer Pluspunkt der Wok-Küche ist der traditionelle Verzicht auf cholesterin- und fettreiche Zutaten. Milchprodukte und rotes Fleisch (z. B. vom Rind) werden eher selten oder nur in geringen Mengen eingesetzt.

Verschiedene Methoden

Die Kunst beim Pfannenrühren besteht darin, die Speisen sehr schnell zu wenden, so dass die Zutaten in der gusseisernen Pfanne mit dem Rundboden ständig in Bewegung sind. Allerdings gibt es dabei zwei unterschiedliche Vorgehensweisen. *Liu* bedeutet braten in relativ viel Öl; die Zutaten werden eher vorsichtig gewendet als gerührt. Gegen Ende der Garzeit gießt man eine Mischung aus Speisestärke und Brühe hinzu, die mit Zucker, Essig und Sojasauce gewürzt wird und eine delikate Sauce ergibt. Beim *Pao* dagegen werden die Zutaten bei sehr starker Hitze, aber nur sehr kurz und scharf angebraten, meist nicht länger als eine Minute. Die auf diese Weise zubereiteten Speisen werden oft vorher mariniert und bleiben so aromatisch und zart.

Yin und *Yang*

Die traditionelle chinesische Wok-Küche achtet sehr auf Gleichgewicht und Harmonie der verwendeten Speisen. Würzige und süß-saure Gerichte ergänzen sich. Die Nahrungsmittel werden so ausgewählt, dass sie sich in Struktur, Geschmack und Farbe ergänzen. Engagierte Vertreter dieser Richtung streben nach dem Gleichgewicht der kosmischen Grundkräfte des *Yin* (Passivität, Stille) und des *Yang* (Aktivität, Bewegung).

Die Zutaten

Früher war es für uns in der westlichen Welt äußerst schwierig, traditionelle Wok-Gerichte nachzukochen, weil viele der typischen Zutaten kaum im Handel erhältlich waren. Heutzutage aber wird vielerorts eine große Auswahl an asiatischen Lebensmitteln angeboten:

Austernsauce: Diese salzige braune Sauce wird aus gekochten Austern und Sojasauce hergestellt und sollte sehr sparsam eingesetzt werden. Vegetarier bevorzugen Sojasauce als Alternative.

Chinesischer Reiswein: wird aus Rundkornreis hergestellt und besitzt ein kräftiges sherryähnliches Aroma und eine goldgelbe Farbe. Als beste Sorte gilt der lange gereifte und deshalb recht teure *Shaoxing*. Meiden sollte man *Mao Tai*, denn dabei handelt es sich lediglich um einen starken Reisschnaps.

Getrocknete Pilze: Viele Gerichte verwenden getrocknete Shiitakepilze. Sie sind recht teuer, aber auch sehr kräftig im Aroma, sodass man nur geringe Mengen benötigt. Vor der Verwendung werden sie 20–30 Minuten in heißem Wasser eingeweicht.

Ingwer: Frische Ingwerwurzeln sind unverzichtbar für viele Wok-Gerichte. Gemahlener Ingwer ist dafür kein Ersatz, da er beim Kochen verbrennt und keineswegs das gleiche delikate Aroma entwickelt. Achten Sie bei frischem Ingwer auf dicke Wurzeln mit glänzender, unbeschädigter Schale.

Pak Choi: Dieses auch als chinesischer Weißkohl bezeichnete Gemüse zeichnet sich nach dem Kochen durch einen milden, nur wenig an Kohl erinnernden Geschmack aus. Es eignet sich hervorragend zum Pfannenrühren, kann aber auch einfach nur gekocht werden.

Pekingsauce: Die süß-aromatische Sauce ist dunkel rotbraun und wird beim Würzen von Wok-Gerichten oft mit Sojasauce kombiniert, gelegentlich aber auch solo zum Eintunken gereicht.

Tofu: Allein verwendet besitzt Tofu oder Sojabohnenquark kaum Eigengeschmack, übernimmt dafür jedoch bereitwillig die Aromen anderer Zutaten. Zum Pfannenrühren eignet sich der in Stücken angebotene feste Tofu am besten. Man kann ihn auch bereits mariniert oder geräuchert kaufen.

Zeichenerklärung

- Schwierigkeitsgrad 1–3 (1 einfach, 3 aufwändiger)
- Vorbereitungszeit
- Garzeit

Warmer Tofusalat

Tofu ist eine köstliche, gesunde Alternative zu Fleisch. Zusammen mit knackigem Gemüse eignet sich dieser Salat hervorragend als Vorspeise.

NÄHRWERTANGABEN

Kilokalorien	262	Zucker	15 g
Eiweiß	16 g	Fett	14 g
Kohlenhydrate	19 g	davon gesättigt	2 g

15 Min. 15 Min.

Für 4 Pers.

ZUTATEN

- 2 EL Pflanzenöl
- 1 Knoblauchzehe, zerdrückt
- 500 g Tofu, gewürfelt
- 1 Zwiebel, in Ringen
- 1 Karotte, in feinen Streifen
- 1 Selleriestange, in kleinen Stücken
- 2 kleine rote Paprika, entkernt und in Streifen
- 250 g Zuckererbsen, geputzt und halbiert
- 120 g Brokkoliröschen
- 120 g grüne Bohnen, halbiert
- 2 EL chinesische Austernsauce
- 1 EL Tamarindenpaste
- 1 EL chinesische Fischsauce
- 1 EL Tomatenmark
- 1 EL helle Sojasauce
- 1 EL Chilisauce
- 2 EL Zucker
- 1 EL Weinessig
- 1 Prise gemahlener Sternanis
- 1 TL Speisestärke
- 300 ml Wasser

1 Öl in einer großen, schweren Pfanne oder einem Wok gut erhitzen.

2 Knoblauch in den Wok geben und unter Schwenken leicht bräunen lassen.

3 Tofu portionsweise zugeben und bei geringer Hitze unter Rühren von allen Seiten goldbraun anbraten. Mit einem Schaumlöffel aus der Pfanne heben und warm stellen.

4 Zwiebel, Karotte, Sellerie, Paprika, Zuckererbsen, Brokkoli und Bohnen in die Pfanne geben und 2–3 Minuten unter Rühren braten, bis das Gemüse bissfest ist.

5 Austernsauce, Tamarindenpaste, Fischsauce, Tomatenmark, Soja- und Chilisauce, Zucker, Essig und Sternanis zugeben und gründlich vermischen. Weitere 2 Minuten pfannenrühren.

6 Speisestärke mit Wasser verrühren und mit dem angebratenen Tofu in die Pfanne geben. Vorsichtig unterheben und unter Rühren aufkochen, bis die Sauce leicht andickt.

7 Den Tofusalat auf vorgewärmte Teller geben und sofort servieren.

3

4

5

Chinesischer Salat

Dieser Salat schmeckt warm ebenso gut wie kalt. Soll er gekühlt serviert werden, gibt man 4 Esslöffel French Dressing zum Gemüse.

NÄHRWERTANGABEN

Kilokalorien	192	Zucker	13 g
Eiweiß	5 g	Fett	9 g
Kohlenhydrate	20 g	davon gesättigt	1 g

5 Min. 10 Min.

Für 4 Pers.

ZUTATEN

- 1 EL dunkle Sojasauce
- 1½–2 TL süße Chilisauce
- 2 EL Sherry
- 1 EL brauner Zucker
- 1 EL Weinessig
- 2 EL Sonnenblumenöl
- 1 Knoblauchzehe, zerdrückt
- 4 Frühlingszwiebeln, quer in Scheiben
- 250 g Zucchini, in 4 cm langen feinen Streifen
- 250 g Karotten, in 4 cm langen feinen Streifen
- 1 rote oder grüne Paprika, entkernt und in feinen Streifen
- 400 g Sojasprossen
- 120 g grüne Bohnen, halbiert
- 1 EL Sesamöl
- Salz und Pfeffer
- 1–2 EL Sesamkörner zum Garnieren

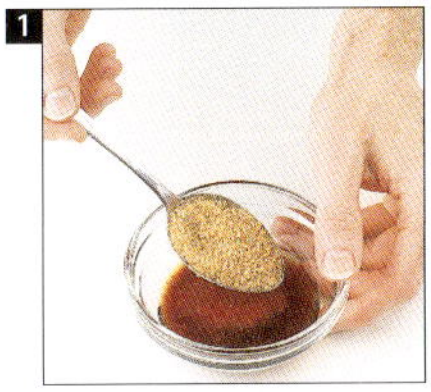

1 Soja- und Chilisauce mit Sherry, braunem Zucker und Essig verrühren.

2 Öl im Wok oder einer schweren Pfanne stark erhitzen, dabei ständig schwenken. Knoblauch und Frühlingszwiebeln 1–2 Minuten im heißen Öl anbraten.

3 Zucchini, Karotten und Paprika zugeben und 1–2 Minuten pfannenrühren. Die Sojasaucenmischung zugeben und aufkochen.

4 Sojasprossen und grüne Bohnen zugeben und 1–2 Minuten pfannenrühren, dabei darauf achten, dass das Gemüse gut mit Sauce überzogen ist.

5 Sesamöl über das Gemüse im Wok träufeln und nochmals ca. 30 Sekunden lang pfannenrühren, abschmecken.

6 Den chinesischen Salat mit Sesamkörnern bestreuen und sofort warm servieren.

Karotten-Orangen-Pfanne

Karotten und Orangen sind in der asiatischen Küche eine beliebte Kombination: Orangensaft unterstreicht das milde Aroma der Karotten.

NÄHRWERTANGABEN	
Kilokalorien . . . 341	Zucker . . . . . . 26 g
Eiweiß . . . . 10 g	Fett . . . . 21 g
Kohlenhydrate . 28 g	davon gesättigt . 4 g

10 Min.	10 Min.

Für 4 Pers.

ZUTATEN

- 2 EL Sonnenblumenöl
- 450 g Karotten, geraspelt
- 220 g Porree, in feinen Streifen
- 2 Orangen, geschält und filetiert
- 2 EL Ketchup
- 1 EL brauner Rohzucker
- 2 EL helle Sojasauce
- 100 g Erdnüsse, gehackt

2

3

4

1 Öl in einem großen, vorgewärmten Wok oder einer schweren Pfanne erhitzen.

2 Karotten und Porree zugeben und 2–3 Minuten anbraten, das Gemüse soll aber noch bissfest sein.

3 Orangenfilets zugeben und vorsichtig erhitzen, dabei darauf achten, dass die Filets beim Rühren nicht zerfallen.

4 Ketchup, Zucker und Sojasauce in einer Schüssel gründlich verrühren.

5 Ketchupmischung zum Gemüse geben und weitere 2 Minuten garen.

6 Das Gemüse in vorgewärmte Servierschüsseln füllen und mit Erdnüssen bestreuen. Sofort servieren.

VARIATION

Anstelle von Orangen kann auch Ananas verwendet werden. Bei Dosenananas ist allerdings darauf zu achten, dass sie nur im eigenen Saft liegen, da Sirup das frische Aroma des Gerichts beeinträchtigen würde.

Kartoffeln Thai-Art

Für dieses süßsaure Gericht wird zartes Gemüse zusammen mit Gewürzen und Kokosmilch pfannengerührt und mit Limettensaft aromatisiert.

NÄHRWERTANGABEN

Kilokalorien . . . 138	Zucker . . . . 5 g
Eiweiß . . . . 2 g	Fett . . . . 6 g
Kohlenhydrate . 20 g	davon gesättigt . 1 g

10 Min. 20 Min.

Für 4 Pers.

ZUTATEN

900 g vorwiegend festkochende Kartoffeln
2 EL Pflanzenöl
1 gelbe Paprika, entkernt und gewürfelt
1 rote Paprika, entkernt und gewürfelt
1 Karotte, in feinen Streifen
1 Zucchini, in feinen Streifen
2 Knoblauchzehen, zerdrückt
1 rote Chilischote, in Ringen
1 Bund Frühlingszwiebeln, längs halbiert
120 ml Kokosmilch
1 TL Zitronengras, gehackt
2 TL Limettensaft
geriebene Schale von 1 Limette
1 EL frisch gehacktes Koriandergrün

1 Kartoffeln mit einem scharfen Küchenmesser in mundgerechte Würfel schneiden.

2 Einen großen Topf mit Wasser zum Kochen bringen und die Kartoffelwürfel 5 Minuten darin kochen, dann abgießen.

3 Öl im Wok oder in einer großen Pfanne stark erhitzen, dabei ständig schwenken. Kartoffeln, Paprikawürfel, Karotten- und Zucchinistreifen sowie Knoblauch und Chili zugeben und 2–3 Minuten pfannenrühren.

4 Frühlingszwiebeln, Kokosmilch, Zitronengras und Limettensaft zugeben und weitere 5 Minuten pfannenrühren.

5 Limettenschale und Koriandergrün zugeben und 1 Minute weiter braten. Heiß servieren.

TIPP

Die Kartoffeln im 2. Arbeitsschritt nicht zu weich kochen, sonst zerfallen die Würfel beim Pfannenrühren.

Grüne Gemüsepfanne

Die Grundzutat ist Pak Choi, ein dem Chinakohl nahe stehendes asiatisches Gemüse. Alternativ eignen sich auch Mangold oder Wirsing.

NÄHRWERTANGABEN

Kilokalorien ... 107	Zucker .... 6 g
Eiweiß .... 4 g	Fett .... 8 g
Kohlenhydrate .. 6 g	davon gesättigt . 1 g

5 Min. — 10 Min.

Für 4 Pers.

Z U T A T E N

- 2 EL Erdnussöl
- 2 Knoblauchzehen, zerdrückt
- ½ TL gemahlener Sternanis
- 1 TL Salz
- 350 g Pak Choi, gehackt
- 220 g junger Spinat
- 30 g Zuckererbsen
- 1 Selleriestange, gehackt
- 1 grüne Paprika, entkernt und in Streifen
- 60 ml Gemüsebrühe
- 1 TL Sesamöl

1 Erdnussöl unter ständigem Schwenken im vorgewärmten Wok oder in einer großen Pfanne langsam erhitzen, bis es sehr heiß ist.

2 Knoblauch zugeben und bei mäßiger Hitze ca. 30 Sekunden anbraten. Sternanis und Salz, Pak Choi, Spinat, Zuckererbsen, Sellerie und Paprika zugeben und alles zusammen 3–4 Minuten pfannenrühren.

3 Gemüsebrühe angießen, die Hitze herunterschalten und das Gemüse im zugedeckten Wok 3–4 Minuten dünsten. Den Deckel öffnen, Sesamöl darüber träufeln und alle Zutaten gründlich vermischen.

4 Das Gemüse auf vorgewärmte Teller geben und sofort servieren.

TIPP

Sternanis ist in der chinesischen Küche ein wichtiges Gewürz. Die sternförmigen Früchte werden oft im Ganzen zur Dekorierung von Speisen verwendet. Das Aroma erinnert ein wenig an Lakritze, ist jedoch würziger und sehr intensiv.

Gemüsepfanne mit Eiern

Dieses in China als *Gado Gado* bekannte Gericht ist ein köstlicher warmer Ei-Gemüse-Salat mit Erdnusssauce – ein echter Klassiker.

NÄHRWERTANGABEN			
Kilokalorien	269	Zucker	12 g
Eiweiß	12 g	Fett	19 g
Kohlenhydrate	14 g	davon gesättigt	3 g

10 Min. 15 Min.

Für 4 Pers.

ZUTATEN

- 2 Eier
- 3 kleine Karotten
- 350 g Weißkohl
- 2 EL Pflanzenöl
- 1 rote Paprika, entkernt und in dünnen Streifen
- 150 g Sojasprossen
- 1 EL Ketchup
- 2 EL Sojasauce
- 100 g gesalzene Erdnüsse, gehackt

1 Einen kleinen Topf mit Wasser zum Kochen bringen. Eier hineinlegen und 7 Minuten wachsweich kochen, dann herausnehmen, abschrecken und 1 Minute unter fließendem kaltem Wasser abkühlen. Anschließend pellen und vierteln.

2 Karotten schälen und grob reiben. Die äußeren Blätter des Weißkohls entfernen und den Stielansatz herausschneiden. Die Blätter mit einem scharfen Messer oder dem Schneideinsatz einer Küchenmaschine in sehr feine Streifen schneiden.

3 Pflanzenöl in einem großen, vorgewärmten Wok oder in einer Pfanne erhitzen. Karotten, Kohl und Paprika zugeben und 3 Minuten pfannenrühren. Sojasprossen zugeben und 2 Minuten weiter braten.

4 Ketchup und Sojasauce in einer kleinen Schüssel verrühren und zum Gemüse geben. Erdnüsse unterheben und 1 Minute weiter garen.

5 Das Gemüse auf vorgewärmte Teller geben und mit den Eivierteln garnieren. Sofort servieren.

1

2

2

TIPP

Die Eier werden unmittelbar nach dem Kochen abgeschreckt, damit das Eigelb an den Rändern nicht schwarz wird.

Gemüsepfanne mit Tofu

Tofu hat kaum Eigengeschmack und passt sich dem Aroma anderer Zutaten gut an. Für diese klassische Chinapfanne eignet er sich hervorragend.

NÄHRWERTANGABEN	
Kilokalorien . . . 167	Zucker . . . . 8 g
Eiweiß . . . . . . 12 g	Fett . . . . 9 g
Kohlenhydrate . 10 g	davon gesättigt . 1 g

30 Min. 10 Min.

Für 4 Pers.

ZUTATEN

- 1 EL frisch geriebener Ingwer
- 1 TL gemahlener Ingwer
- 1 EL Tomatenmark
- 2 EL Sonnenblumenöl
- 1 Knoblauchzehe, zerdrückt
- 2 EL Sojasauce
- 350 g Tofu, gewürfelt
- 3 kleine Karotten, in dünnen Scheiben
- 100 g grüne Bohnen, halbiert
- 4 Selleriestangen, in Stücken
- 1 rote Paprika, entkernt und in Streifen
- frisch gekochter Reis als Beilage

1

3

4

1 Geriebenen und gemahlenen Ingwer mit Tomatenmark, 1 Esslöffel Sonnenblumenöl, Knoblauch, Sojasauce und Tofuwürfeln in eine große Schüssel geben und gründlich vermischen; die Tofuwürfel dürfen dabei nicht zerfallen. Zugedeckt 20 Minuten ziehen lassen.

2 Restliches Öl in einem großen, vorgewärmten Wok oder einer schweren Pfanne erhitzen.

3 Marinierte Tofuwürfel in den Wok geben und 2 Minuten knusprig goldbraun anbraten.

4 Karotten, Bohnen, Sellerie und Paprika hinzufügen und weitere 5 Minuten garen.

5 Die Gemüsepfanne auf vorgewärmte Teller geben und sofort mit frisch gekochtem Reis servieren.

TIPP

Frischer Ingwer hält sich bei kühler, trockener Lagerung mehrere Wochen. Man kann ihn auch einfrieren und nach Bedarf Stücke abbrechen.

Japanische Nudelpfanne

Seinen Reiz verdankt dieses schnell zubereitete, leichte Gericht den aromatischen Pilzen und der süßen Sauce.

NÄHRWERTANGABEN	
Kilokalorien . . . 379	Zucker . . . . 8 g
Eiweiß . . . . . . 12 g	Fett . . . . 13 g
Kohlenhydrate . 53 g	davon gesättigt . 3 g

15 Min. 15 Min.

Für 4 Pers.

ZUTATEN

220 g japanische Eiernudeln (Udon)

2 EL Sonnenblumenöl

1 rote Zwiebel, in Ringen

1 Knoblauchzehe, zerdrückt

450 g Mischpilze, z. B. Shiitake-, Austernpilze und Champignons

350 g Pak Choi

2 EL süßer Sherry

6 EL chinesische Austernsauce

4 Frühlingszwiebeln, gehackt

1 EL Sesamkörner, geröstet

1 Nudeln in eine große Schüssel geben und mit so viel kochendem Wasser übergießen, dass sie gut bedeckt sind. Ca. 10 Minuten quellen lassen.

2 Öl in einen großen, vorgewärmten Wok oder eine schwere Pfanne geben.

3 Rote Zwiebel und Knoblauch darin 2–3 Minuten anbraten, bis sie glasig sind.

4 Pilze in den Wok geben und 5 Minuten garen, bis sie bissfest sind.

5 Nudeln abgießen und zusammen mit Pak Choi, Sherry und Austernsauce zum Gemüse geben. Alle Zutaten gut vermengen und 2–3 Minuten weiter garen, bis die Flüssigkeit gerade zu kochen beginnt.

6 Gemüse und Nudeln in vorgewärmte Schalen geben, mit Frühlingszwiebeln und Sesamkörnern bestreuen und sofort servieren.

TIPP

Asiatische Pilze werden heute in den Gemüseabteilungen vieler großer Supermärkte angeboten, sodass man eine schöne Mischung zusammenstellen kann. Im Notfall tun es auch hiesige weiße Champignons.

Pak Choi mit Cashewkernen

Pflaumensauce wird im Asienladen im Glas angeboten. Sie besitzt ein süßes, sehr intensives Aroma, das ausgezeichnet zu Gemüse passt.

NÄHRWERTANGABEN	
Kilokalorien . . . 241	Zucker . . . . 7 g
Eiweiß . . . . 7 g	Fett . . . . 19 g
Kohlenhydrate . 11 g	davon gesättigt . 4 g

5 Min. 15 Min.

Für 4 Pers.

ZUTATEN

- 2 rote Zwiebeln
- 180 g Rotkohl
- 2 EL Erdnussöl
- 220 g Pak Choi
- 2 EL Pflaumensauce
- 180 g Cashewkerne, geröstet

3

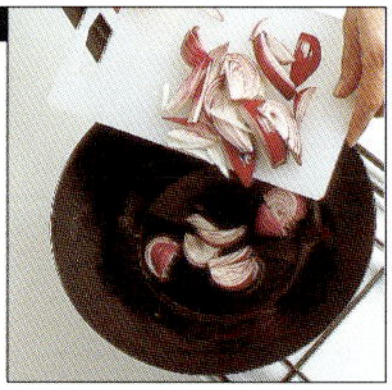

4

4

1 Mit einem scharfen Messer die roten Zwiebeln in dünne Spalten und den Rotkohl in feine Streifen schneiden.

2 Erdnussöl in einem vorgewärmten Wok oder einer großen Pfanne stark erhitzen.

3 Zwiebeln zugeben und ca. 5 Minuten pfannenrühren, bis sie gerade zu bräunen beginnen.

4 Rotkohl zugeben und weitere 2–3 Minuten braten. Pak Choi-Blätter hinzufügen und ca. 5 Minuten mitgaren, bis sie zusammenfallen.

5 Pflaumensauce über das Gemüse träufeln und alles gründlich vermengen. Erhitzen, bis die Flüssigkeit zu kochen beginnt.

6 Cashewkerne darüber streuen und das Ganze in vorgewärmte Schalen füllen. Sofort servieren.

VARIATION

Anstelle der Cashewnüsse schmecken auch ungesalzene Erdnüsse sehr gut.

Nudeln thailändische Art

Diese Nudelpfanne gilt als thailändisches Nationalgericht. Man schätzt sie in allen Landesteilen als praktisches, schnell zubereitetes Essen.

NÄHRWERTANGABEN	
Kilokalorien . . . 407	Zucker . . . . 11 g
Eiweiß . . . . . . 14 g	Fett . . . . 16 g
Kohlenhydrate . 56 g	davon gesättigt . 3 g

15 Min. 10 Min.

Für 4 Pers.

ZUTATEN

- 220 g getrocknete Glasnudeln
- 2 rote Chilischoten, entkernt und fein gehackt
- 2 Schalotten, fein gehackt
- 2 EL Zucker
- 2 EL Tamarindenpaste
- 1 EL Limettensaft
- 2 EL helle Sojasauce
- Pfeffer
- 1 EL Sonnenblumenöl
- 1 TL Sesamöl
- 180 g geräucherter Tofu, gewürfelt
- 2 EL Erdnüsse, geröstet und gehackt, zum Garnieren

1

2

5

1 Glasnudeln nach den Angaben auf der Packung zubereiten oder 5 Minuten in kochendem Wasser ziehen lassen, dann abgießen.

2 Chili, Schalotten, Zucker, Tamarindenpaste, Limettensaft und Sojasauce zusammen im Mörser zerdrücken und nach Belieben mit Pfeffer würzen.

3 Beide Ölsorten bei starker Hitze in einem vorgewärmten Wok oder einer großen Pfanne erhitzen. Tofu zugeben und 1 Minute anbraten.

4 Chilimischung zugeben, aufkochen und unter ständigem Rühren 2 Minuten andicken lassen.

5 Glasnudeln zur Tofumischung geben. Mit 2 Löffeln alles gründlich vermengen, bis die Nudeln nicht mehr dampfen. Mit Erdnüssen bestreut sofort servieren.

TIPP

Dieser „Eintopf" ist fix gemacht und eine hervorragende Idee, wenn Sie für einen einzelnen Vegetarier mitkochen wollen.

Seeteufel mit Ingwer

Diese Fischpfanne bietet sich für besondere Gelegenheiten an. Das zarte Aroma des Seeteufels harmoniert gut mit Spargel, Chilisauce und Ingwer.

NÄHRWERTANGABEN

Kilokalorien . . . 133	Zucker . . . . 0 g
Eiweiß . . . . 21 g	Fett . . . . 5 g
Kohlenhydrate . . 1 g	davon gesättigt . 1 g

5 Min. 10 Min.

Für 4 Pers.

ZUTATEN

- 450 g Seeteufelfilet
- 1 EL frisch geriebener Ingwer
- 2 EL süße Chilisauce
- 1 EL Maiskeimöl
- 100 g grüner Spargel
- 3 Frühlingszwiebeln, gehackt
- 1 TL Sesamöl

1

2

4

1 Fischfilets sorgfältig häuten, mit einem scharfen Messer in dünne Scheiben schneiden und beiseite stellen.

2 In einer kleinen Schüssel Ingwer mit süßer Chilisauce gut vermischen. Die Seeteufelstücke mit dieser Mischung bestreichen.

3 Maiskeimöl in einem vorgewärmten Wok oder einer großen Pfanne erhitzen.

4 Seeteufel, Spargel und Frühlingszwiebeln zugeben und bei mäßiger Hitze ca. 5 Minuten braten, dabei ständig, aber sehr vorsichtig rühren, damit der Fisch nicht zerfällt.

5 Die Pfanne vom Herd nehmen, Fisch und Gemüse mit Sesamöl beträufeln und vorsichtig nochmals vermischen.

6 Die Fischpfanne auf vorgewärmte Teller geben und sofort heiß servieren.

TIPP

Seeteufel gehört zwar nicht gerade zu den preiswerten Fischen, doch eignet er sich aufgrund seines feinen Aromas und seiner festen Struktur sehr gut. Alternativ kann man auch Kabeljau verwenden.

Lachs mit Ananas

Das Auge isst auch in der chinesischen Küche mit: Dieses Gericht bezaubert schon allein durch die appetitliche Farbzusammenstellung.

NÄHRWERTANGABEN

Kilokalorien	347	Zucker	12 g
Eiweiß	24 g	Fett	20 g
Kohlenhydrate	16 g	davon gesättigt	3 g

10 Min. 15 Min.

Für 4 Pers.

ZUTATEN

- 150 g Babymaiskolben
- 2 EL Sonnenblumenöl
- 1 rote Zwiebel, in Ringen
- 1 hellrote Paprika, entkernt und in Streifen
- 1 grüne Paprika, entkernt und in Streifen
- 450 g Lachsfilet ohne Haut
- 1 EL Paprikapulver
- 220 g Ananasstücke im eigenen Saft (Dose), abgetropft
- 200 g Sojasprossen
- 2 EL Ketchup
- 2 EL Sojasauce
- 2 EL Sherry medium
- 1 TL Speisestärke

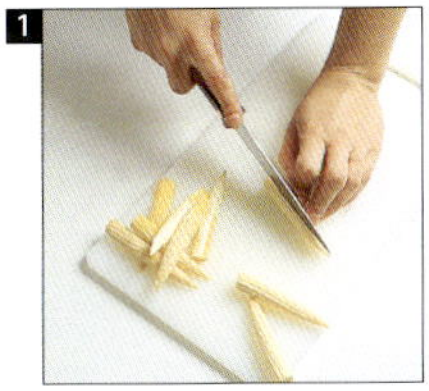

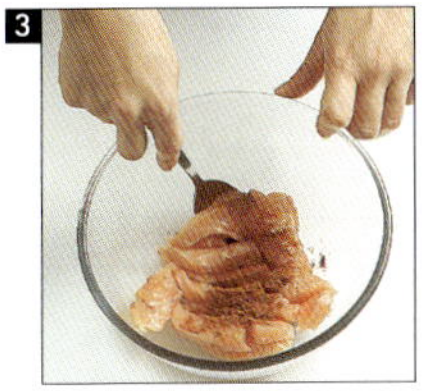

1 Maiskölbchen längs halbieren. Öl in einem vorgewärmten Wok erhitzen. Zwiebel, Paprika und Mais zugeben und 5 Minuten pfannenrühren.

2 Lachsfilet unter fließendem Wasser waschen und mit Küchenpapier trocken tupfen.

3 Lachs in dünne Streifen schneiden und in eine große Schüssel geben. Mit Paprikapulver bestreuen und vorsichtig ringsum damit überziehen.

4 Lachs gemeinsam mit den Ananasstücken in den Wok geben und weitere 2–3 Minuten pfannenrühren.

5 Wenn der Fisch gar ist, Sojasprossen in den Wok geben und unterheben.

6 Ketchup, Sojasauce, Sherry und Speisestärke verrühren. In den Wok geben und aufkochen, bis die Flüssigkeit andickt. Auf vorgewärmte Teller geben und sofort servieren.

VARIATION

Anstelle von Lachs kann man auch gut Lachsforellenfilets verwenden.

Kabeljaupfanne mit Mango

Fisch und Obst sind eine klassische asiatische Kombination. Bei diesem Rezept sorgen zudem exotische Gewürze für Aroma und Duft.

NÄHRWERTANGABEN			
Kilokalorien	200	Zucker	12 g
Eiweiß	21 g	Fett	7 g
Kohlenhydrate	14 g	davon gesättigt	1 g

10 Min. 15 Min.

Für 4 Pers.

ZUTATEN

- 2 Karotten
- 2 EL Pflanzenöl
- 1 rote Zwiebel, in Ringen
- 1 rote Paprika, entkernt und in Streifen
- 1 grüne Paprika, entkernt und in Streifen
- 450 g Kabeljaufilet ohne Haut
- 1 reife Mango
- 1 TL Speisestärke
- 1 EL Sojasauce
- 80 ml tropischer Fruchtsaft
- 1 EL Limettensaft
- 1 EL frisch gehacktes Koriandergrün zum Garnieren

1 Karotten mit einem scharfen Messer schälen und in feine Streifen schneiden.

2 Öl im vorgewärmten Wok erhitzen und darin die Karotten, Zwiebeln und Paprika 5 Minuten anbraten.

3 Mit einem scharfen Messer den Kabeljau in kleine Würfel schneiden. Mango schälen, das Fruchtfleisch vorsichtig vom Kern lösen und in dünne Scheiben schneiden.

4 Kabeljauwürfel und Mangoscheiben zum Gemüse geben und weitere 4–5 Minuten pfannenrühren, bis der Fisch gar ist. Beim Rühren darauf achten, dass der Fisch nicht zerfällt.

5 Speisestärke mit Sojasauce, Frucht- und Limettensaft verrühren und in den Wok geben. Unter Rühren aufkochen und andicken lassen. Mit Koriandergrün bestreuen und sofort servieren.

1

3

5

VARIATION

Wer möchte, kann anstelle von Mango auch Papaya verwenden.

Garnelen mit Cashewkernen

Cashewnüsse lassen sich mit vielen Zutaten zu einem leckeren Wok-Gericht kombinieren. Verwenden Sie dabei stets ungesalzene Kerne.

NÄHRWERTANGABEN

Kilokalorien . . . 406	Zucker . . . . 3 g
Eiweiß . . . . 31 g	Fett . . . . 25 g
Kohlenhydrate . 13 g	davon gesättigt . 4 g

15 Min. 5 Min.

Für 4 Pers.

ZUTATEN

- 2 Knoblauchzehen, zerdrückt
- 1 EL Speisestärke
- 1 Prise feinster Kristallzucker
- 450 g rohe Riesengarnelen (Gambas)
- 4 EL Pflanzenöl
- 1 Porreestange, in Röllchen
- 120 g Brokkoliröschen
- 1 gelbe Paprika, entkernt und gewürfelt
- 150 g ungesalzene Cashewkerne

SAUCE

- 180 ml Fischbrühe
- 1 EL Speisestärke
- 2 TL Sesamöl
- 1 EL chinesischer Reiswein
- 1 Spritzer Chilisauce

1 Knoblauch, Speisestärke und Zucker in einer Schüssel vermischen.

2 Garnelen schälen und den Darm entfernen. In die Schüssel geben und alles gut vermengen.

3 Pflanzenöl in einem vorgewärmten Wok erhitzen und die marinierten Garnelen darin 20–30 Sekunden anbraten, bis sie rosa werden. Mit einem Schaumlöffel aus dem Wok heben und auf einem Teller beiseite stellen.

4 Porree, Brokkoli und Paprika in den Wok geben und 2 Minuten pfannenrühren.

5 Sauce: Fischbrühe, Speisestärke, Sesamöl und Reiswein in einer Schüssel verrühren und nach Belieben mit Chilisauce würzen. Alle Zutaten verquirlen.

6 Sauce zusammen mit den Cashewkernen zum Gemüse geben, Garnelen wieder zufügen und 1 Minute gut erhitzen.

7 Garnelenpfanne in vorgewärmte Schüsseln geben und sofort servieren.

Muscheln in Bohnensauce

Dank seiner farbenfrohen Zutaten sieht dieses Gericht so appetitlich aus, dass es fast zu schade zum Essen ist.

NÄHRWERTANGABEN

Kilokalorien . . . 174	Zucker . . . . 4 g
Eiweiß . . . . . . 19 g	Fett . . . . 8 g
Kohlenhydrate . . 6 g	davon gesättigt . 1 g

15 Min. 10 Min.

Für 4 Pers.

ZUTATEN

- 350 g Porree
- 350 g Miesmuscheln, gekocht und ausgelöst
- 1 TL Kreuzkümmelsamen
- 2 EL Pflanzenöl
- 2 Knoblauchzehen, zerdrückt
- 1 rote Paprika, entkernt und in Streifen
- 50 g Bambussprossen (Dose), abgetropft
- 180 g junger Spinat
- 180 g schwarze Bohnensauce

1 Porree putzen und mit einem scharfen Messer in Streifen hacken.

2 Gekochte Miesmuscheln in eine große Schüssel geben, mit Kreuzkümmel bestreuen und gründlich mischen.

1

4

5

3 Pflanzenöl in einem vorgewärmten Wok stark erhitzen, dabei ständig schwenken.

4 Porree, Knoblauch und Paprika zugeben und 5 Minuten garen, bis das Gemüse bissfest ist.

5 Bambussprossen, Spinat und Muscheln zugeben und 2 Minuten weiter garen.

6 Bohnensauce mit in den Wok geben und alles gründlich vermengen, anschließend noch ein paar Sekunden unter gelegentlichem Rühren weiter köcheln lassen.

7 Das Muschelgericht in vorgewärmte Schalen füllen und sofort servieren.

TIPP

Sind keine frischen Miesmuscheln zu haben, können Sie auch die in vielen Asienläden und Supermärkten angebotenen Muscheln im Glas oder Tiefkühlware verwenden.

Hähnchen mit Orange

Saftige Hähnchenschenkel sind eine preiswerte Alternative zu Hähnchenbrustfilet, sie eignen sich gut für Wok-Gerichte.

NÄHRWERTANGABEN	
Kilokalorien . . . 267	Zucker . . . . 11 g
Eiweiß . . . . . . 23 g	Fett . . . . 11 g
Kohlenhydrate . 15 g	davon gesättigt . 2 g

10 Min. 15 Min.

Für 4 Pers.

ZUTATEN

- 3 EL Sonnenblumenöl
- 700 g Hähnchenschenkel, entbeint, gehäutet und in Streifen geschnitten
- 1 Zwiebel, in Ringen
- 1 Knoblauchzehe, zerdrückt
- 1 rote Paprika, entkernt und in Streifen
- 80 g Zuckererbsen
- 4 EL helle Sojasauce
- 4 EL Sherry
- 1 EL Tomatenmark
- frisch geriebene Schale und Saft von 1 Orange
- 1 TL Speisestärke
- 2 Orangen
- 180 g Sojasprossen
- gekochte Nudeln oder Reis als Beilage

1 Öl in einem vorgewärmten Wok erhitzen. Hähnchenfleisch zugeben und 2–3 Minuten von allen Seiten anbraten.

2 Zwiebel, Knoblauch, Paprika und Zuckererbsen zugeben und weitere 5 Minuten pfannenrühren, bis das Gemüse gerade bissfest und das Hähnchen gut durchgegart ist.

3 In einer Schüssel Sojasauce, Sherry, Tomatenmark, Orangenschale und -saft sowie Speisestärke verrühren. Die Mischung in den Wok geben und unter ständigem Rühren andicken lassen.

4 Orangen schälen und filieren. Orangenfilets zusammen mit den Sojasprossen in den Wok geben und weitere 2 Minuten erhitzen.

5 Das Gericht auf vorgewärmte Teller geben und sofort mit Nudeln oder Reis servieren.

TIPP

Sojasprossen sind die Keime von Mungbohnen und unverzichtbare Zutat der chinesischen Küche. Sie haben eine sehr kurze Garzeit und schmecken auch roh gut.

Ingwer-Hähnchen

Die Granatapfelkerne sorgen bei diesem indischen Gericht für eine fein säuerliche Note. Ein leckeres Sommergericht zu Reis oder Salat.

NÄHRWERTANGABEN	
Kilokalorien . . . 291	Zucker . . . . 0 g
Eiweiß . . . . 41 g	Fett . . . . 14 g
Kohlenhydrate . . 0 g	davon gesättigt . 3 g

10 Min. 25 Min.

Für 4 Pers.

ZUTATEN

- 3 EL Öl
- 400 g Hähnchenbrustfilet ohne Haut, in Streifen geschnitten
- 3 Knoblauchzehen, zerdrückt
- 3,5-cm-Stück frischer Ingwer
- 1 TL Granatapfelkerne, zerdrückt
- ½ TL gemahlene Kurkuma
- 1 TL Garam Masala
- 2 frische grüne Chilischoten, gehackt
- ½ TL Salz
- 4 EL Zitronensaft
- geriebene Schale von 1 Zitrone
- 6 EL frisch gehacktes Koriandergrün
- 120 ml Hühnerbrühe
- Nan-Brotfladen als Beilage

1

2

3

1 Öl in einem Wok oder einer großen Pfanne erhitzen und die Hähnchenstreifen darin goldbraun anbraten. Aus der Pfanne nehmen und beiseite stellen.

2 Knoblauch, Ingwer und Granatapfelkerne zugeben und 1 Minute pfannenrühren; der Knoblauch darf nicht anbrennen.

3 Kurkuma, Garam Masala und Chili zugeben und weitere 30 Sekunden unter Rühren braten.

4 Das Fleisch zurück in den Wok geben. Salz, Zitronensaft und -schale, Koriandergrün und Brühe zugeben. Alles gut verrühren, bis das Fleisch ringsum mit Sauce überzogen ist.

5 Kurz aufkochen, dann die Hitze herunterschalten und 10–15 Minuten köcheln lassen, bis das Fleisch gut durchgegart ist. Die Hähnchenpfanne mit warmem Nan-Brot servieren.

TIPP

Pfannenrühren ist eine ideale Garmethode für die fettarme Küche, weil nur wenig Öl benötigt wird. Die hohen Temperaturen sorgen dafür, dass die Speisen sehr schnell gar werden und so ihr Aroma bewahren.

Sesam-Erdnuss-Hähnchen

Sesam und Erdnüsse machen dieses Wok-Gericht zu einem kernigen Genuss. Die Fruchtsaftglasur sorgt für appetitlichen Glanz.

NÄHRWERTANGABEN	
Kilokalorien . . . 435	Zucker . . . . 10 g
Eiweiß . . . . . . 38 g	Fett . . . . 26 g
Kohlenhydrate . 14 g	davon gesättigt . 4 g

10 Min. 15 Min.

Für 4 Pers.

ZUTATEN

- 2 EL Pflanzenöl
- 2 EL Sesamöl
- 500 g Hähnchenfleisch ohne Haut, in Streifen
- 250 g Brokkoliröschen
- 250 g Babymaiskolben, halbiert
- 1 rote Paprika, entkernt und in Streifen
- 2 EL Sojasauce
- 240 ml Orangensaft
- 2 TL Speisestärke
- 2 EL Sesamkörner, geröstet
- 60 g ungesalzene Erdnüsse, geröstet
- gekochter Reis oder Nudeln als Beilage

1

2

3

1 Beide Öle im Wok oder einer schweren Pfanne erhitzen, bis es raucht. Hähnchenstreifen 4–5 Minuten darin unter ständigem Rühren anbräunen.

2 Brokkoli, Maiskölbchen und Paprika zugeben und auf großer Flamme 1–2 Minuten garen, bis das Gemüse bissfest ist.

3 In einer Schüssel Sojasauce mit Orangensaft und Speisestärke verrühren. Die Mischung in die Pfanne geben und unter ständigem Rühren andicken lassen, bis die Sauce glänzend wird.

4 Sesam und Erdnüsse zugeben und alles gründlich mischen. 3–4 Minuten weiter pfannenrühren.

5 Die Hähnchenpfanne in vorgewärmte Schüsseln füllen und zu Reis oder Nudeln servieren.

TIPP

Achten Sie darauf, dass die Erdnüsse ungesalzen sind, denn schon die Sojasauce enthält reichlich Salz.

Grüne Hähnchenpfanne

Zartes Hähnchenfleisch und knackiger Kohl werden hier mit asiatischer Bohnensauce zu einem köstlichen Pfannengericht kombiniert.

NÄHRWERTANGABEN

Kilokalorien . . . 297	Zucker . . . . 5 g
Eiweiß . . . . . . 30 g	Fett . . . . 16 g
Kohlenhydrate . . 8 g	davon gesättigt . 3 g

5 Min. 15 Min.

Für 4 Pers.

ZUTATEN

- 2 EL Sonnenblumenöl
- 450 g Hähnchenbrustfilet ohne Haut
- 2 Knoblauchzehen, zerdrückt
- 1 grüne Paprika
- 180 g Zuckererbsen
- 6 Frühlingszwiebeln, gehackt
- 220 g Grünkohl, in Streifen
- 170 g gelbe Bohnensauce
- 50 g ungesalzene Cashewnüsse, geröstet
- Frühlingszwiebelringe nach Belieben, zum Garnieren

2

3

4

1 Öl in einem großen, vorgewärmten Wok oder einer schweren Pfanne erhitzen.

2 Hähnchenfleisch in dünne Streifen schneiden und zusammen mit dem Knoblauch in den Wok geben. 5 Minuten pfannenrühren, bis das Fleisch von allen Seiten angebräunt ist.

3 Die Paprika entkernen und in dünne Streifen schneiden.

4 Paprika, Zuckererbsen, Frühlingszwiebeln und Kohlstreifen in den Wok geben und weitere 5 Minuten pfannenrühren, bis das Gemüse gerade bissfest ist.

5 Bohnensauce unterheben und 2 Minuten gut durchwärmen lassen, bis die Mischung zu köcheln beginnt. Mit Cashewnüssen bestreuen.

6 Die Hähnchenpfanne auf vorgewärmte Teller füllen und nach Belieben mit Frühlingszwiebelringen garnieren. Sofort servieren.

TIPP

Verwenden Sie keine gesalzenen Cashewnüsse, da sie das Gericht allzu salzig machen würden.

Chili-Hähnchen

Die frischen Chilischoten machen dieses Gericht zu einer ziemlich scharfen Angelegenheit. Wer es milder mag, nimmt nur die halbe Menge Chili.

NÄHRWERTANGABEN

Kilokalorien . . . 265	Zucker . . . . 3 g
Eiweiß . . . . 21 g	Fett . . . . 14 g
Kohlenhydrate . 11 g	davon gesättigt . 2 g

10 Min. 10 Min.

Für 4 Pers.

ZUTATEN

- 350 g Hähnchenfleisch ohne Haut
- ½ TL Salz
- 1 Eiweiß, leicht verquirlt
- 2 EL Speisestärke
- 4 EL Pflanzenöl
- 2 Knoblauchzehen, zerdrückt
- 1-cm-Stück frischer Ingwer, gerieben
- 1 rote Paprika, entkernt und gewürfelt
- 1 grüne Paprika, entkernt und gewürfelt
- 2 rote Chilischoten, entkernt und gehackt
- 2 EL helle Sojasauce
- 1 EL chinesischer Reiswein oder trockener Sherry
- 1 EL Weinessig

2

4

5

1 Hähnchenfleisch in mundgerechte Würfel schneiden und in eine Schüssel geben.

2 Salz, Eiweiß, Speisestärke und 1 Esslöffel Öl zugeben und das Fleisch gründlich damit überziehen.

3 Das restliche Öl im angewärmten Wok erhitzen. Knoblauch und Ingwer darin 30 Sekunden unter Rühren anbraten.

4 Fleischwürfel zugeben und 2–3 Minuten unter Rühren anbräunen lassen.

5 Paprika, Chili, Sojasauce, Reiswein bzw. Sherry und Weinessig zugeben und weitere 2–3 Minuten garen, bis das Fleisch gut durch ist. In eine vorgewärmte Schüssel geben und sofort servieren.

TIPP

Tragen Sie bei der Verarbeitung von Chilischoten Gummihandschuhe, um Ihre Hände zu schützen. Berühren Sie dabei niemals Ihr Gesicht, vor allem Lippen und Augen, da dies zu schmerzhaften Reizungen führen kann.

Pute mit Preiselbeeren

Schlichtes Putenfleisch ist hier raffiniert süßsauer zubereitet. Duft und Aroma geben Preiselbeeren, Ingwer, Maronen und Sojasauce.

NÄHRWERTANGABEN

Kilokalorien . . . 167	Zucker . . . . 11 g
Eiweiß . . . . 8 g	Fett . . . . 7 g
Kohlenhydrate . 20 g	davon gesättigt . 1 g

5 Min. 15 Min.

Für 4 Pers.

ZUTATEN

- 2 große Putenbrustfilets
- 2 EL Sonnenblumenöl
- 2 EL eingelegter Ingwer
- 120 g Preiselbeeren, frisch oder tiefgefroren
- 100 g Maronen (Dose), abgetropft
- 4 EL Preiselbeersauce
- 3 EL helle Sojasauce
- Salz und Pfeffer

1 Mit einem scharfen Messer das Fleisch von Haut und Sehnen befreien und in dünne Scheiben schneiden.

2 Öl in einem vorgewärmten Wok oder einer großen, schweren Pfanne erhitzen.

3 Putenfleisch hineingeben und 5 Minuten lang pfannenrühren, bis es durchgebraten ist.

4 Mit einem scharfen Messer den eingelegten Ingwer fein hacken und zum Fleisch geben.

5 Preiselbeeren in die Pfanne geben und 2–3 Minuten mitbraten, bis sie weich werden.

6 Maronen, Preiselbeer- und Sojasauce hinzufügen, nach Belieben mit Salz und Pfeffer würzen und 2–3 Minuten aufkochen lassen.

7 Die Putenpfanne in vorgewärmte Schalen füllen und sofort servieren.

1
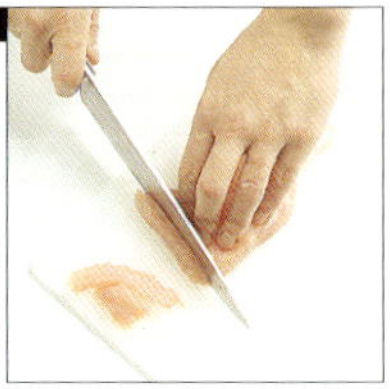

3

4
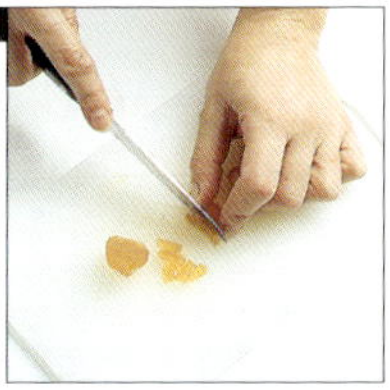

TIPP

Der Wok muss unbedingt sehr heiß sein, bevor die Zutaten hineingegeben werden. Wenn Sie die flache Hand ausgestreckt ca. 8 cm über den Pfannenboden halten, müssen Sie die Hitze spüren können.

Scharf gewürztes Rindfleisch

Diese würzige Fleischpfanne mit Paprika, Chili und Tomaten hat durch den Stangensellerie angenehm viel Biss – ein prima Alltagsgericht.

NÄHRWERTANGABEN

Kilokalorien . . . 431	Zucker . . . . 0 g
Eiweiß . . . . . . 32 g	Fett . . . . 28 g
Kohlenhydrate . 14 g	davon gesättigt 10 g

40 Min. 10 Min.

Für 4 Pers.

ZUTATEN

- 600 g Rinderfilet oder Rumpsteak
- 2 EL Paprikapulver
- 2–3 TL mildes Chilipulver
- ½ TL Salz
- 6 Selleriestangen
- 6 EL Rinderbrühe oder Wasser
- 2 EL Tomatenmark
- 2 EL Honig
- 3 EL Weinessig
- 1 EL Worcestersauce
- 2 EL Sonnenblumenöl
- 4 Frühlingszwiebeln, quer in dünne Scheiben geschnitten
- 4 Tomaten, gehäutet, entkernt und in Spalten
- 1–2 Knoblauchzehen, zerdrückt
- Selleriegrün nach Belieben zum Garnieren
- gekochte chinesische Mie-Nudeln als Beilage

1 Mit einem scharfen Messer oder Beil das Fleisch quer zur Faser in ca. 1 cm breite Streifen schneiden und in eine Schüssel geben.

2 Paprika- und Chilipulver sowie Salz mischen und damit die Fleischstreifen gleichmäßig überziehen. Gekühlt mindestens 30 Minuten marinieren.

3 Selleriestangen in 5 cm lange Stücke und diese in 5 mm breite Streifen schneiden.

4 Brühe, Tomatenmark, Honig, Essig und Worcestersauce verrühren und beiseite stellen.

5 Öl im Wok stark erhitzen und darin Frühlingszwiebeln, Sellerie, Tomaten und Knoblauch 1 Minute unter ständigem Rühren anbraten, bis das Gemüse bissfest gegart ist. Fleischstreifen zugeben und bei großer Hitze 3–4 Minuten pfannenrühren, bis das Fleisch gut durchgebraten ist.

6 Die Sauce dazugeben und rasch weiter rühren, bis alle Zutaten ringsum damit überzogen und sehr heiß sind.

7 Mit Selleriegrün garnieren und zu gekochten Mie-Nudeln servieren.

Rindfleisch mit Pak Choi

Dieses farbenfrohe Gericht kombiniert verschiedenes Gemüse wie Pak Choi, Zuckerschoten und Paprika mit zarten Rindfleischstreifen.

NÄHRWERTANGABEN	
Kilokalorien . . . 369	Zucker . . . . 9 g
Eiweiß . . . . . . 29 g	Fett . . . . 23 g
Kohlenhydrate . 12 g	davon gesättigt . 8 g

10 Min. 10 Min.

Für 4 Pers.

ZUTATEN

- 1 großer Pak-Choi-Kopf (ca. 250 g), grob zerpflückt
- 2 EL Pflanzenöl
- 2 Knoblauchzehen, zerdrückt
- 500 g Rinderfilet oder Rumpsteak, in dünnen Streifen
- 150 g Zuckererbsen, geputzt
- 150 g Babymaiskolben
- 6 Frühlingszwiebeln, gehackt
- 2 rote Paprika, entkernt und in Streifen
- 1 EL Zucker
- 2 EL Austernsauce
- 1 EL Fischsauce
- gekochter Reis oder Nudeln als Beilage

1 Pak Choi über kochendem Wasser dämpfen, bis er gerade bissfest ist, dann warm stellen.

2 Öl in einem Wok oder einer schweren Pfanne erhitzen und darin Knoblauch und Fleisch 1–2 Minuten unter ständigem Rühren anbraten.

3 Zuckererbsen, Maiskölbchen, Frühlingszwiebeln, Paprika, Zucker sowie Austern- und Fischsauce in den Wok geben und alles gut vermengen. Gemüse 2–3 Minuten weiter pfannenrühren, bis alles gerade eben bissfest ist.

4 Pak-Choi-Blätter auf einer vorgewärmten Servierplatte anrichten und die Rindfleischpfanne darüber verteilen.

5 Dazu gekochten Reis oder Nudeln reichen und sofort servieren.

TIPP

Der Pak Choi ist die wichtigste Zutat für dieses Gericht. Falls Sie keinen bekommen, verwenden Sie stattdessen Chinakohl.

Rindfleisch mit grünen Erbsen

Dieses Rezept ist ein gutes Beispiel dafür, wie knackig und farbenfroh köstliche Pfannengerichte aus dem Wok sind.

NÄHRWERTANGABEN	
Kilokalorien . . . 325	Zucker . . . . 2 g
Eiweiß . . . . . . 26 g	Fett . . . . 22 g
Kohlenhydrate . . 8 g	davon gesättigt . 7 g

5 Min. 10 Min.

Für 4 Pers.

ZUTATEN

- 450 g Rumpsteak
- 2 EL Sonnenblumenöl
- 1 Zwiebel
- 2 Knoblauchzehen
- 250 g Erbsen, frisch oder tiefgefroren
- 170 g schwarze Bohnensauce
- 150 g Chinakohl, gehackt

1 Mit einem scharfen Messer alles Fett vom Fleisch entfernen. Das Fleisch in dünne Streifen schneiden.

2 Sonnenblumenöl in einem großen und vorgewärmten Wok erhitzen.

3 Das Fleisch 2 Minuten darin unter ständigem Rühren anbraten.

4 Mit einem scharfen Messer die Zwiebel schälen und in Ringe schneiden. Knoblauchzehe im Mörser zerdrücken.

5 Zwiebel, Knoblauch und Erbsen zum Fleisch geben und 5 Minuten pfannenrühren.

6 Zum Schluss Bohnensauce und Chinakohl in den Wok geben.

1

3

4

7 Die Fleisch-Gemüsemischung weitere 2 Minuten garen, bis der Kohl zusammenfällt.

8 Das Gericht in vorgewärmte Schalen füllen und sofort servieren.

TIPP

So weit möglich, kaufen Sie eine Bohnensauce mit Stücken, denn sie ist in Geschmack und Konsistenz am besten. Chinakohl mit seinen kompakten weißen Stängeln und den hellgrünen krausen Blättern wird heute überall angeboten.

Pfeffer-Rind mit Nüssen

Ein einfaches, leckeres Gericht, bei dem zartes Rindfleisch mit kernigen Cashewnüssen und einer scharfen Sauce kombiniert wird.

NÄHRWERTANGABEN

Kilokalorien	403	Zucker	7 g
Eiweiß	26 g	Fett	29 g
Kohlenhydrate	11 g	davon gesättigt	9 g

10 Min. 10 Min.

Für 4 Pers.

ZUTATEN

- 1 EL Erdnuss- oder Sonnenblumenöl
- 1 EL Sesamöl
- 1 Zwiebel, in Streifen
- 1 Knoblauchzehe, zerdrückt
- 1 EL gemahlener Ingwer
- 500 g Rinderfilet oder Rumpsteak
- 2 TL Palm- oder Rohrzucker
- 2 EL helle Sojasauce
- 1 kleine gelbe Paprika, entkernt und in Streifen
- 1 rote Paprika, entkernt und in Streifen
- 4 Frühlingszwiebeln, gehackt
- 2 Selleriestangen, gehackt
- 4 große Champignons, in Scheiben
- 4 EL Cashewnüsse, geröstet
- 3 EL Rinderbrühe oder Weißwein
- gekochte Reisnudeln als Beilage

TIPP

Palmzucker, auch Jaggery genannt, wird aus den Blüten einiger Palmarten hergestellt und ist ein dicker brauner Zucker mit ausgeprägtem, an Karamell erinnerndem Aroma. Da er schwer zu bekommen ist, kann man stattdessen auch Rohrzucker verwenden.

1 Öl in einem Wok oder einer großen Pfanne erhitzen und darin Zwiebeln, Knoblauch und Ingwer unter ständigem Rühren 2 Minuten glasig anbraten.

2 Fleisch in dünne Streifen schneiden und in den Wok geben. 2–3 Minuten unter ständigem Rühren anbräunen.

3 Zucker und Sojasauce zu dem Fleisch hinzufügen und gründlich unterheben.

4 Paprika, Frühlingszwiebeln, Sellerie, Champignons und Cashewnüsse zufügen und alles gut vermengen.

5 Brühe bzw. Weißwein angießen und 2–3 Minuten pfannenrühren, bis das Fleisch gut durch und das Gemüse gerade eben bissfest ist.

6 Das Gericht sofort servieren, dazu gekochte Reisnudeln reichen.

Lammfleisch in Austernsauce

Dieses Gericht ist im Handumdrehen fertig. Die aus der Lammkeule geschnittenen Steaks eignen sich bestens für die kurzen Garzeiten.

NÄHRWERTANGABEN	
Kilokalorien . . . 243	Zucker . . . . . . 0,4 g
Eiweiß . . . . . . 26 g	Fett . . . . 14 g
Kohlenhydrate . . 3 g	davon gesättigt . 5 g

5 Min. 10 Min.

Für 4 Pers.

ZUTATEN

450 g Lammsteaks aus der Keule

1 TL gemahlener Szechuanpfeffer

1 EL Erdnussöl

2 Knoblauchzehen, zerdrückt

8 Frühlingszwiebeln, in feinen Ringen

2 EL dunkle Sojasauce

6 EL Austernsauce

180 g Chinakohl

Krupuk (Krabbenbrot) nach Belieben als Beilage

2

4

5

1 Mit einem scharfen Messer die Steaks von jeglichem Fett befreien und in feine Streifen schneiden.

2 Fleisch mit Szechuanpfeffer bestreuen und gut damit vermengen.

3 Erdnussöl in einem vorgewärmten Wok oder einer großen, schweren Pfanne erhitzen.

4 Die Lammfleischstreifen ca. 5 Minuten darin gut anbraten.

5 Knoblauchzehen und Frühlingszwiebeln zum Fleisch geben, die Sojasauce angießen und 2 Minuten weiter pfannenrühren.

6 Austernsauce und Chinakohl zugeben und weitere 2 Minuten garen, bis der Kohl zusammenfällt und die Flüssigkeit köchelt.

7 Lamm und Gemüse in vorgewärmte Schalen geben und sofort servieren. Nach Belieben Krupuk dazu reichen.

TIPP

Für Austernsauce werden Austern in Salzlake und Sojasauce gekocht. Als Fertigprodukt im Glas gekauft, hält sie sich im Kühlschrank monatelang.

Lammpfanne mit Ingwer

Lammfleisch wird hier mit Knoblauch, Ingwer und Shiitakepilzen zu einem rasch zubereiteten, leichten Gericht kombiniert.

NÄHRWERTANGABEN

Kilokalorien	347	Zucker	2 g
Eiweiß	31 g	Fett	21 g
Kohlenhydrate	7 g	davon gesättigt	7 g

10 Min. 5 Min.

Für 4 Pers.

ZUTATEN

- 500 g Lammfilet
- 2 EL Sonnenblumenöl
- 1 EL frisch gehackter Ingwer
- 2 Knoblauchzehen, gehackt
- 6 Frühlingszwiebeln, quer in dünnen Scheiben
- 180 g frische Shiitakepilze, in Scheiben
- 180 g Zuckererbsen
- 1 TL Speisestärke
- 2 EL trockener Sherry
- 1 EL helle Sojasauce
- 1 TL Sesamöl
- 1 EL Sesamkörner, geröstet
- gekochte chinesische Mie-Nudeln als Beilage

1 Mit einem scharfen Messer oder Beil das Fleisch in 5 mm breite Scheiben schneiden.

2 Öl in einem vorgewärmten Wok oder einer großen, schweren Pfanne erhitzen.

3 Lammfleisch in den Wok geben und 2 Minuten von allen Seiten anbraten.

4 Ingwer, Knoblauch, Frühlingszwiebeln, Pilze und Zuckererbsen zugeben und 2 Minuten weiter pfannenrühren.

5 In einer kleinen Schüssel Speisestärke und Sherry verrühren und in den Wok geben.

6 Sojasauce und Sesamöl zugeben und unter ständigem Rühren 1 Minute andicken lassen.

7 Das Gericht auf eine vorgewärmte Platte geben und mit Sesamkörnern bestreuen. Mit frisch gekochten Mie-Nudeln sofort servieren.

1
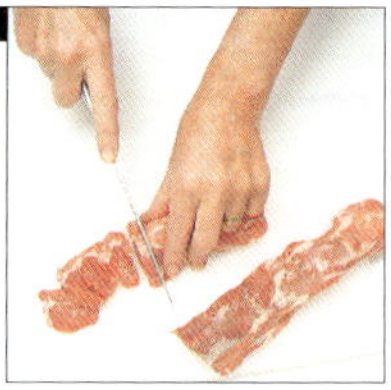

3

4

TIPP

Die würzigen Shiitakepilze werden in der chinesischen Küche häufig verwendet. Inzwischen werden sie nicht nur getrocknet, sondern auch frisch angeboten. Das kräftige Aroma überträgt sich auf weniger aromatische Pilze. Shiitakepilze niemals zu lange garen, da sie sonst zäh werden.

Palästina
Alltag unter Besatzung

Salah Kanaan
Anja Zückmantel

Palästina
Alltag unter Besatzung

Ein Bildband mit einem Vorwort von
Ludwig Watzal

SEMIT*edition*
im Melzer Verlag

Grafische Gestaltung: Natali Nosek Schülerin im Bildungsgang GTA
sowie Mitarbeiterin der Schülerfirma „Kursiv Design“
unter Leitung von Horst Müller-Kuntzer
am Schulzentrum Sek.II an der Alwin Lonke Straße, Bremen

Einband: Abraham Melzer
Drukerei: Druck und Bindung: Ma-Tisk, Slovenien
Printed in Slovenia

ISBN: 3-937389-61-X

www.melzerverlag.de

Inhaltsverzeichnis

Inhaltsverzeichnis

Vorwort 8
Einleitung 10
Palästina - Historischer Überblick in Karten 12
Alltag unter Besatzung 22
Checkpoints - millitärische Kontrollpunkte 36
Millitär und Zivilbevölkerung 52
Das Leben der Kinder unter Besatzung 66
Wiederstand gegen die israelische Besatzung 78
Al-Nakba - die Katastrophe 88
Die Mauer/Speranlage 98
Israelische Siedlungen 114
Wasser 128
Bildquellen 139
Linkliste 141

Salah Kanaan
Anja Zückmantel

Palästina

Alltag unter Besatzung

Ein Bildband mit einem Vorwort von
Ludwig Watzal

Vorwort

Der Nahostkonflikt zählt zu den ältesten Regionalkonflikten in den internationalen Beziehungen. Seit über 100 Jahren macht die jüdische Nationalbewegung der palästinensischen Nationalbewegung das Land Palästina streitig; beide Völker erheben den gleichen Rechtsanspruch. Das jüdische Siedlungsprojekt wurde auf dem ersten Zionistenkongress 1897 in Basel durch Theodor Herzl formuliert; seither verläuft es sehr erfolgreich. Einige Fakten mögen dies verdeutlichen: besaßen bei der Staatsgründung Israels 1948 90 Prozent der palästinensischen Bevölkerung (1.365 Millionen Palästinenser gegenüber 710.000 Israelis) 97 Prozent des Landes, so haben sich die Besitz-, Macht- und Herrschaftsverhältnisse heute völlig umgekehrt. Würde 2005 ein „Staat" Palästina gegründet, umfasste dieser nur noch neun Prozent des historischen Palästina. Was sich für die jüdische Nationalbewegung aufgrund der historischen Erfahrungen und Ereignisse als Erfüllung ihrer Sehnsüchte herausstellte, bedeutete für die indigene Bevölkerung eine „Katastrophe" (al-Nakba). Folglich kann das jüdische Siedlungsprojekt nur angemessen beurteilt werden, wenn man die Leiden des palästinensischen Volkes mit berücksichtigt.

Die aktuelle Lage in den besetzten Gebieten kann nur als katastrophal beurteilt werden. Diese Dokumente zeigen jedoch nur einen kleinen, begrenzten Ausschnitt der Wirklichkeit in Palästina; die Realität ist um ein vielfaches grausamer. So haben seit der Besetzung der Westbank und des Gaza-Streifens im Jahre 1967 fast 800.000 Palästinenser in israelischen Gefängnissen gesessen. Es gibt keine Familie, die davon nicht betroffen gewesen ist. Allein die Bilanz der Gewalt seit Ausbruch der Al-Aqsa-Intifada am 29. September 2000 ist erschreckend: Bis Ende September 2004 starben ca. 3.350 Palästinenser und rund 1.050 Israelis; über 7.000 Palästinenser befinden sich immer noch in israelischer Haft – davon 760 Administrativhäftlinge, deren Inhaftierung alle sechs Monate auf unbegrenzte Zeit verlängert werden kann, ohne dass jemals Anklage erhoben werden würde. Seit 1967 wurden mehrere Tausend Häuser zerstört, weil sie ohne „Genehmigung" errichtet worden sind. Dass die israelischen Regierungen so gut wie keine Baugenehmigung erteilt haben, bleibt jedoch unerwähnt. Daneben werden immer wieder Häuser von Attentätern zerstört, als Kollektivstrafe gegen die anderen Familienangehörigen. Dies stellt einen eklatanten Verstoß gegen die Vierte Genfer Konvention dar. Darüber hinaus verdoppelte sich die Zahl der Siedler während des „Friedensprozesses" von 1993 bis heute in der Westbank von 110.000 auf 230.000 und in Ost-Jerusalem von 100.000 auf 220.000. Parallel dazu wurde in der Westbank ein separates Straßensystem errichtet, das alle israelischen Siedlungen miteinander verbindet. Auf einigen dieser Straßen dürfen nur jüdische Israelis fahren. Dass alle Siedlungen sowie die Mauer (Schutzwall) völkerrechtswidrig sind und ein Transfer der eigenen Bevölkerung gegen die Vierte Genfer Konvention verstößt, ist von der internationalen Staatengemeinschaft anerkannt. Die täglichen Schikanen und Diskriminierungen an den Kontrollpunkten sowie die absoluten Reisebeschränkungen stellen einen Eingriff in das Leben der Menschen dar, der den Alltag zur Hölle macht.

Den Autoren ist der Frieden in Israel und Palästina ein zentrales Anliegen. Einen solchen wird es jedoch langfristig nur geben, wenn den Palästinensern ein Mindestmaß an Gerechtigkeit widerfährt. Die Palästinenser können jedoch nicht „gerecht" behandelt werden, solange die Israelis vor sich selbst und der ganzen Welt abstreiten, was die Palästinenser erleiden mussten und bis heute erleiden müssen. Es wird jedoch keinen Frieden geben, solange die israelischen Regierungen sich selbst und dem Rest der Welt erklären, sie hätten immer moralisch und politisch richtig gehandelt. Erst wenn sie sich selbst eingestehen, dass sie schweres Unrecht gegenüber den Palästinensern begangen haben, eröffnet sich die Möglichkeit für einen dauerhaften Frieden.

Dr. Ludwig Watzal

Journalist, Lehrbeauftragter an der Universität Bonn und Autor des Buches „Feinde des Friedens"

Einleitung

Die Wahrnehmung des israelisch-palästinensischen Konflikts wird sehr stark durch Bilder bestimmt. Fernseh- und Pressebilder zeigen Palästinenser überwiegend als Steine werfende Jugendliche, fanatisierte Menschenmengen oder martialisch posierende Selbstmordattentäter. Diese Berichterstattung prägt das Verständnis dieses Konflikts in Europa allgemein und besonders in Deutschland. Mit der vorliegenden Publikation wollen wir diesen Kanon der festgeschriebenen Bilder aufbrechen und den Blick auf die prekäre Lage und den Alltag der palästinensischen Bevölkerung in den Besetzten Gebieten lenken.

Das Leben der Palästinenser wird seit Juni 1967 von der israelischen Besatzung bestimmt. Vor allem die strukturelle Gewalt der Besatzung – alltägliche Demütigung und Entrechtung – taugt nicht für spektakuläre Bilder, sondern geschieht, ohne von der Weltöffentlichkeit wahrgenommen zu werden. Wir zeigen bewusst andere, den Sehgewohnheiten nicht entsprechende Bilder und wollen bei den Leserinnen und Lesern einen reflektierten Umgang mit der täglichen Berichterstattung über Palästina/Israel bewirken. Zudem wollen wir auf die beständigen Verstöße der israelischen Besatzung gegen internationales Recht und deren Auswirkungen auf das Leben der Palästinenser aufmerksam machen.

Die Publikation zeigt zehn Themenbereiche, die mit Photographien, Karten und vertiefenden Begleittexten präsentiert werden. Diese beanspruchen jedoch nicht, den Konflikt in all seiner Komplexität darzustellen. Der Fokus auf das Leben der palästinensischen Bevölkerung unter der israelischen Besatzung soll keiner einseitigen Darstellung Vorschub leisten, sondern daran erinnern, dass die in den Medien dominierenden Bilder und Berichte über den eskalierten Konflikt das eigentlich Menschliche überlagern: Zu leicht vergessen wir, dass die Menschen in Palästina/Israel mit diesem Konflikt leben (müssen).

Am Anfang dieses Buches steht ein kursorischer Überblick über die Entwicklung des israelisch-palästinensischen Konflikts. Es schließt im Kapitel „Alltag unter Besatzung“ eine allgemeine Darstellung verschiedener Aspekte der Lebenssituation der palästinensischen Bevölkerung in den Besetzten Gebieten an, die in den folgenden Kapiteln vertieft werden. In den Kapiteln „Checkpoints“, „Militär und Zivilbevölkerung und „Das Leben der Kinder unter Besatzung“ werden die unmittelbaren Auswirkungen der militärischen Präsenz und Abriegelungspolitik dargestellt. Verschiedene Formen des Widerstandes der palästinensischen Bevölkerung gegen die israelische Besatzungspolitik werden im folgenden Kapitel dokumentiert. Das Ausmaß der nationalen Katastrophe (al-Nakba) – die Tragödie der Zerstörung des palästinensischen Lebens und der palästinensischen Gesellschaftsstruktur im historischen Palästina – wird anhand von Photographien gezeigt. Die Errichtung der Mauer/Sperranlage in den Besetzten Gebieten beeinträchtigt insbesondere die wirtschaftliche und gesellschaftliche Entwicklung der palästinensischen Bevölkerung. In dem entsprechenden Kapitel gehen wir auf Entwicklung und Folgen des Mauerbaus sowie internationale Reaktionen ein. Im folgenden Kapitel behandeln wir die völkerrechtswidrige israelische Siedlungspolitik und die ständig anwachsende Zahl israelischer Siedlungen und Siedler. In einem abschließenden Kapitel thematisieren wir die ungleiche Verteilung der wichtigen Ressource Wasser und deren negativen Auswirkungen auf die palästinensische Bevölkerung.

Wir hoffen, dass es uns mit diesem Buch gelingt, die Leserinnen und Leser aus einer anderen Perspektive zu informieren, aber auch, dass Verständnis und Mitgefühl für Menschen geweckt wird, die unter militärischer Besatzung leben und nicht die demokratischen Freiheiten genießen können, die für uns so selbstverständlich sind.

Salah Kanaan und Anja Zückmantel
Bremen und Göttingen, Januar 2005.

Palästina bezeichnete über Jahrhunderte den Landstrich der südlichen Levante. Die Gesamtfläche beträgt etwa 27.000 km². Als 1917 die britischen Truppen unter General Allenby in Jerusalem einmarschierten, endete die 400jährige osmanische Herrschaft in Palästina, und die dreißigjährige der Briten als Mandatsmacht begann.

Landownership in Palestine and the UN Partition Plan, 1947

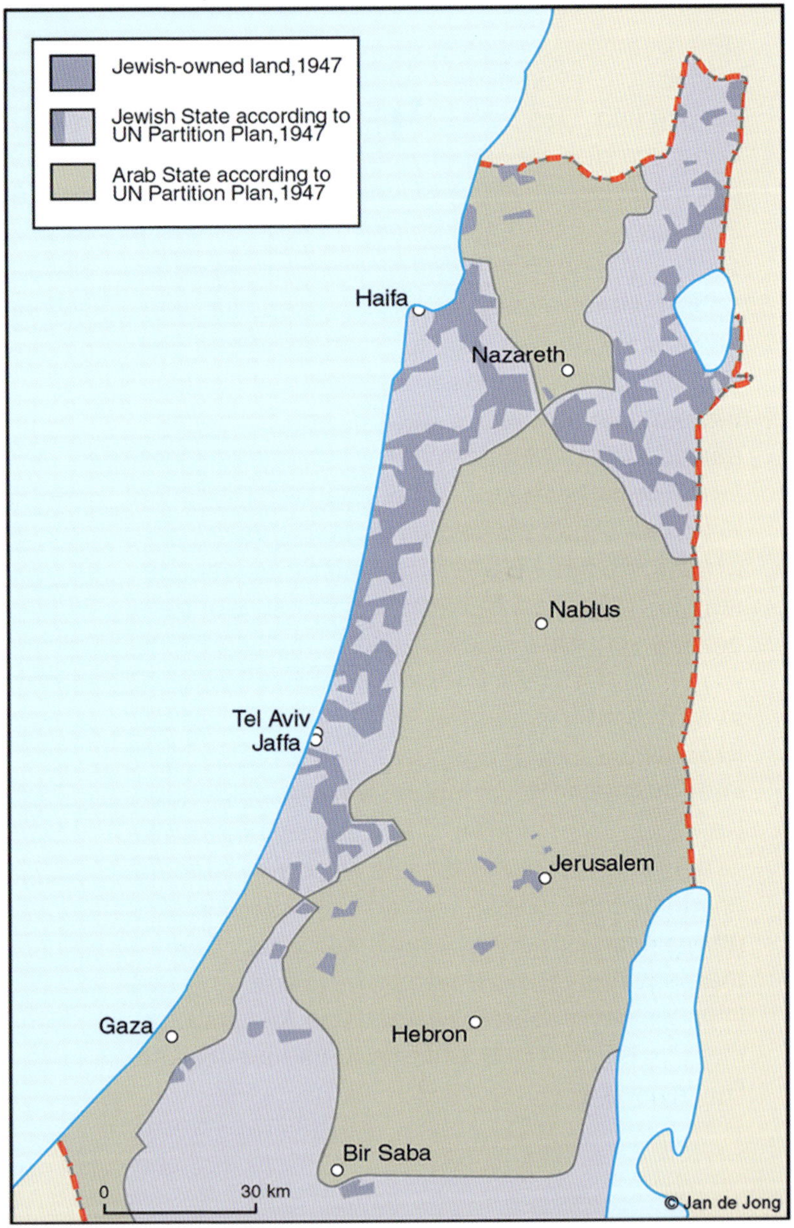

Landbesitz in Palästina und der UN-Teilungplan
.Land in jüdischem Besitz, 1947
.Jüdischer Staat nach UN-Teilungsplan, 1947
.Arabischer Staat nach UN-Teilungsplan, 1947

Nach dem ersten Zionistischen Weltkongress 1897 in Basel und der **Balfour-Erklärung** von 1917, mit der die britische Regierung ihr Wohlwollen gegenüber der Gründung einer jüdischen Heimstatt in Palästina erklärte, kam es zu verstärkter jüdischer Einwanderung nach Palästina. Das zionistische Siedlungsprojekt nahm seinen Anfang und ging mit der Etablierung eines jüdischen Wirtschaftssektors einher. Die Politik der britischen Mandatsmacht begünstigte die jüdische Einwanderung und Landerwerb durch den *Jewish National Fund* zu Lasten der einheimischen palästinensischen Bevölkerung. Diese Politik wurde von der palästinensischen Bevölkerung als zunehmende Existenzbedrohung wahrgenommen, so dass es bereits von 1936-39 zu einem Aufstand kam. Als die britische Mandatsmacht ihr Völkerbundmandat 1947 an die neu gegründete UNO abtrat, waren mehr als 94% des Bodens in arabisch-palästinensischem Besitz. Am 29.11.1947 beschloss die UN-Vollversammlung die **Teilung Palästinas** (Resolution 181). Nach diesem Teilungsplan sollte die jüdische Gemeinschaft (Jischuw), die mit ca. 609.000 Personen nur eine Minderheit der Bevölkerung Palästinas stellte, 56% des Territoriums und den Großteil des fruchtbaren Bodens erhalten, wohingegen ca. 1,38 Mio. Palästinensern nur 42% des Territoriums zugesprochen wurde. Die arabischen Staaten, die Arabische Liga und das palästinensische Hohe Arabische Komitee lehnten den Teilungsplan ab. Sie argumentierten, dass die UNO nur Empfehlungen vorlegen könne und nicht das Recht habe, über das Schicksal eines Landes zu entscheiden, ohne dessen Bevölkerung zu befragen. Denn die Charta der Vereinten Nationen fordere das Selbstbestimmungsrecht der Völker. Dem Teilungsplan folgten schon Anfang Dezember die ersten Angriffe der zionistischen Untergrundorganisationen Lechi (Stern-Bande) und Irgun (Etzel) auf palästinensische Dörfer und Zivilisten. Sie verübten im April 1948 im Dorf **Deir Yassin** bei Jerusalem ein Massaker an Palästinensern. Über 250 Menschen wurden ermordet. Die bewaffneten Auseinandersetzungen zwischen Juden und Palästinensern nahmen zu. Nach der Ausrufung des Staates Israel am 15. Mai 1948 beteiligten sich die arabischen Staaten an den darauf folgenden Kampfhandlungen (48er Krieg). Im Zuge dieses Krieges wurden 418 palästinensische Dörfer von der israelischen Armee zerstört und ca. 800.000-900.000 Palästinenser vertrieben bzw. zur Flucht gezwungen. Sie und ihre Nachkommen leben noch heute überwiegend in Flüchtlingslagern, weil ihnen durch Israel

entgegen der UN-Resolution 194 vom Dezember 1948 die Rückkehr verweigert wird. Die Ereignisse von 1948 (Vertreibungen, Massaker, Verlust der Heimat und Errichtung des Staates Israel) werden von der palästinensischen Bevölkerung als nationale Katastrophe (al-Nakba) erinnert. Die Waffenstillstandslinie von 1949 gilt heute als Grenze Israels. Das Territorium macht 78% der Fläche des historischen Palästina aus. Die übrigen 22% sind der Gaza-Streifen und die Westbank. Der Gaza-Streifen kam nach 1949 unter ägyptische Verwaltung und die Westbank wurde jordanisch.

Zerstörte palästinensische Dörfer, deren Bevölkerung 1948 und 1967 vertrieben wurde
.Land in jüdischem Besitz, 1947
.Staat Israel nach Waffenstillstandsabkommen, 1949
.Zerstörte palästinensische Dörfer, deren Bevölkerung 1948 und 1967 vertrieben wurde
.Westbank und Gaza-Streifen

Während Israel im Suezkrieg 1956 an der Seite Großbritanniens und Frankreichs gegen Ägypten kämpfte, bildeten sich vermehrt palästinensische Widerstandsgruppierungen. Sie verübten Vergeltung für die auch nach 1948 nicht abreißenden Vertreibungsaktionen und Massaker der israelischen Armee an palästinensischen Zivilisten in Dörfern und Flüchtlingslagern; z.B. das Massaker im Dorf **Kufr Kassem**, bei dem 1956 etwa 50 Einwohner von israelischen Militäreinheiten ermordet wurden.

Am Morgen des 5. Juni 1967 zerstörte Israel in einem geplanten Überraschungsangriff nahezu die gesamte ägyptische Luftwaffe am Boden. Im Zuge dieses Krieges eroberte Israel die Golanhöhen, den Gaza-Streifen, die Westbank, Ostjerusalem sowie den Sinai und besetzte diese Gebiete völkerrechtswidrig. Am 22.11.1967 verabschiedete der UN-Sicherheitsrat die **Resolution 242**, die den „Rückzug israelischer Streitkräfte aus (den) besetzten Gebieten" zur Vorbedingung einer dauerhaften Friedensregelung macht. Die **Osloer Prinzipienerklärung** von 1993 kam nach längeren Geheimverhandlungen palästinensischer und

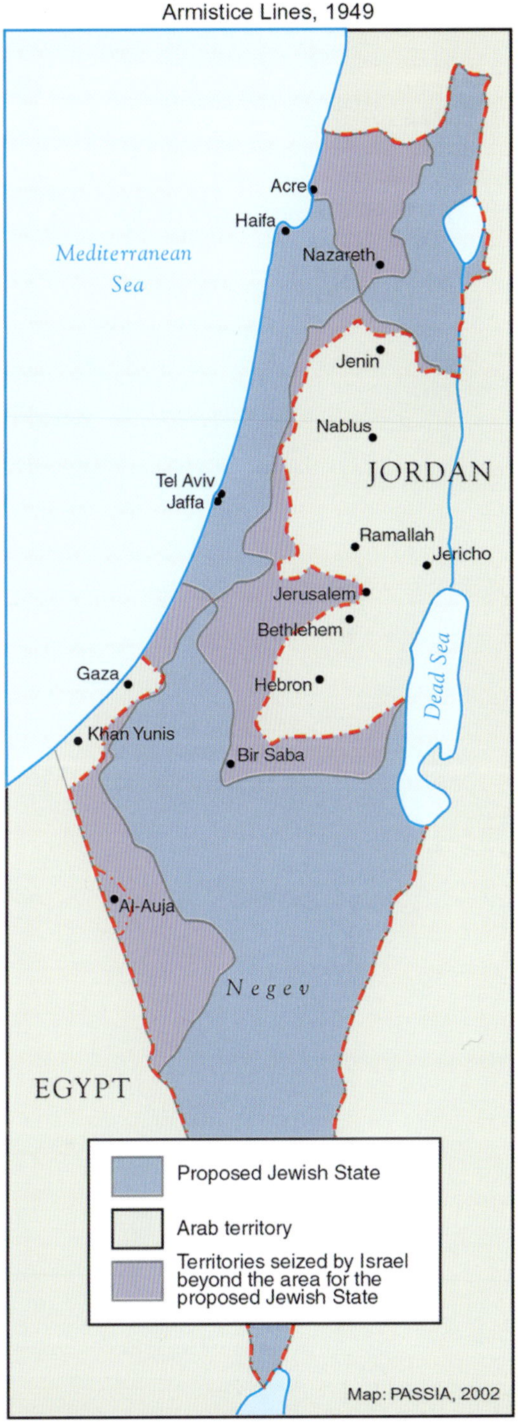

Waffenstillstandslinie 1949
.Jüdischer Staat (gemäß UN-Teilungsplan, 1947)
.Arabischer Staat (gemäß UN-Teilungsplan, 1947)
.Gebiete, die von Israel über das im UN-Teilungsplan für einen jüdischen Staat vorgesehene Territorium hinaus erobert wurden

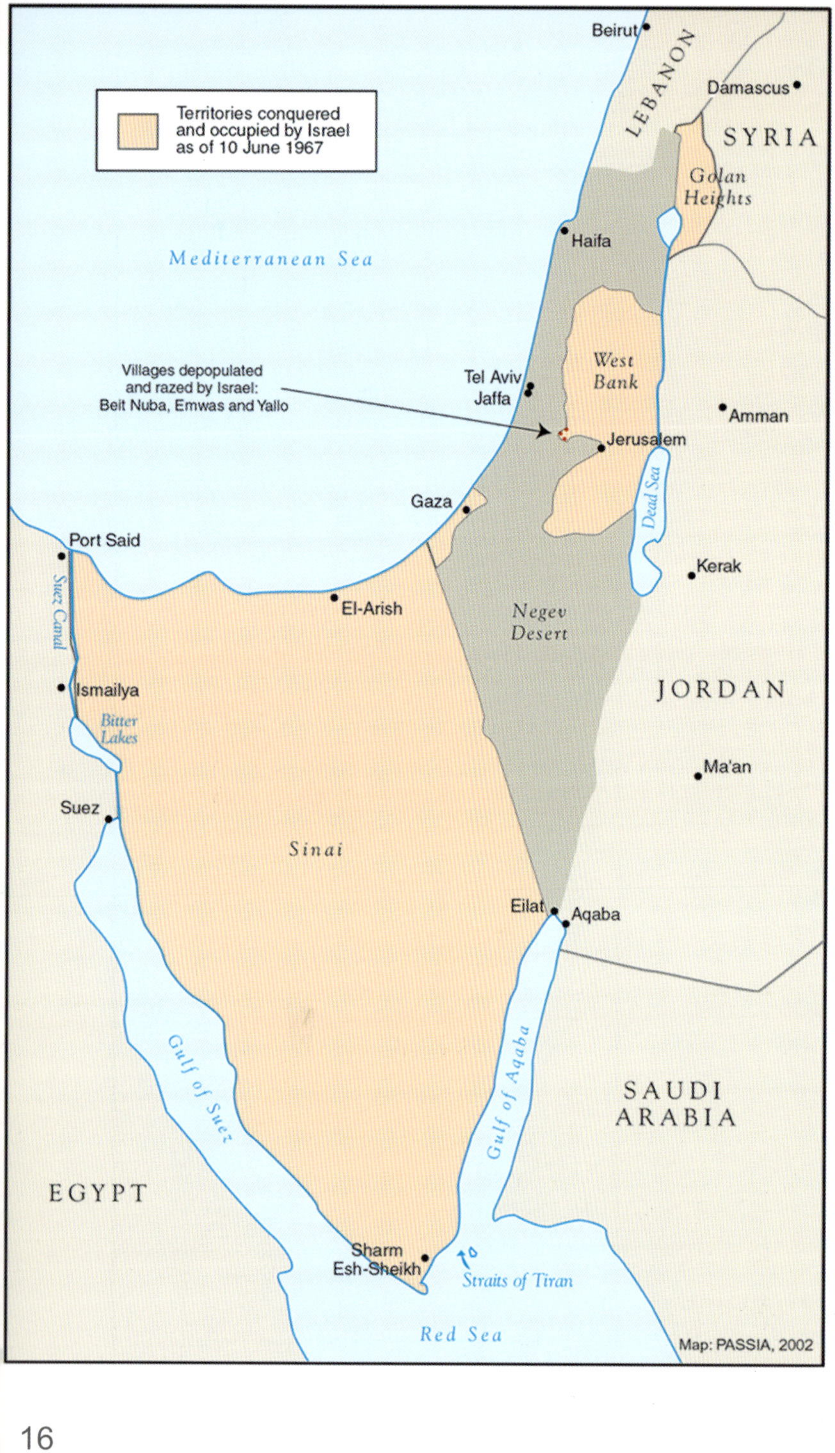

Juni-Krieg 1967
.Von Israel eroberte und besetzte Gebiete, 10. Juni 1967 (Golanhöhen, Westjordanland, Gaza-Streifen, Sinai-Halbinsel)
Pfeil verweist auf: Dörfer, die von Israel zerstört und deren Bevölkerung vertrieben wurde (Beit Nuba, Emwas, Yallo)

israelischer Unterhändler zustande. Die PLO erkannte das Existenzrecht Israels an, Israel lediglich die PLO als rechtmäßige Vertreterin des palästinensischen Volkes. Israel hat den Zeitplan für die Verhandlungen über **Endstatusfragen** wie Wasserverteilung, Jerusalem, palästinensische Flüchtlinge und israelische Siedlungen wiederholt verzögert und hielt vertragliche Vereinbarungen nicht ein.

Die palästinensischen Bevölkerungszentren in den besetzten Gebieten wurden durch das Oslo-Abkommen als sogenannte A-Zonen unter die Verwaltung der **Palästinensischen Behörde** gestellt. Sie sind jedoch durch Gebiete, in denen Israel die teilweise (B-Zonen) oder volle Verfügungsgewalt (C-Zonen) beibehielt, voneinander abgeschnitten. Israel setzt den **Siedlungsbau** unvermindert fort. Seit 1993 wurde die Zahl der Siedler in den Besetzten Gebieten und Ostjerusalem auf über 400.000 verdoppelt. Die nach 1993 erfolgte Zerstückelung

Oslo I
.Geplante Umgehungsstraßen
.Israelische Siedlungen
.„Gelbe Gebiete“ – Israel zuständig für Sicherheit,
Palästinensische Autonomiebehörde zuständig für
zivile Belange (ausgenommen in Siedlungen)
.Gebiet mit Militäreinrichtungen
.Autonomes palästinensisches Gebiet
.Städte
.Sicherheitszonen

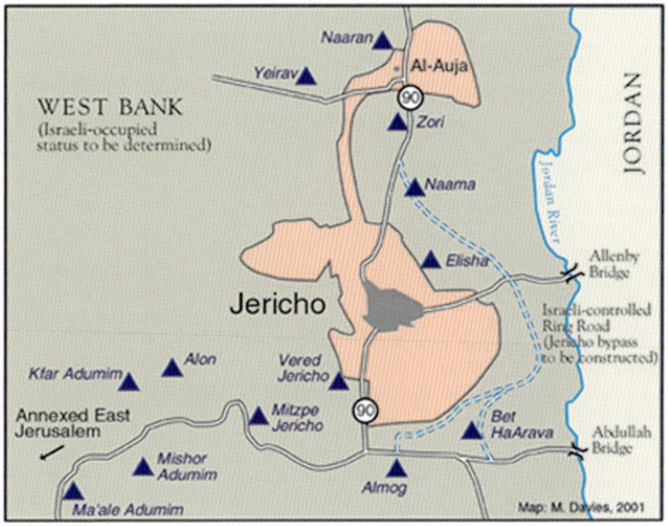

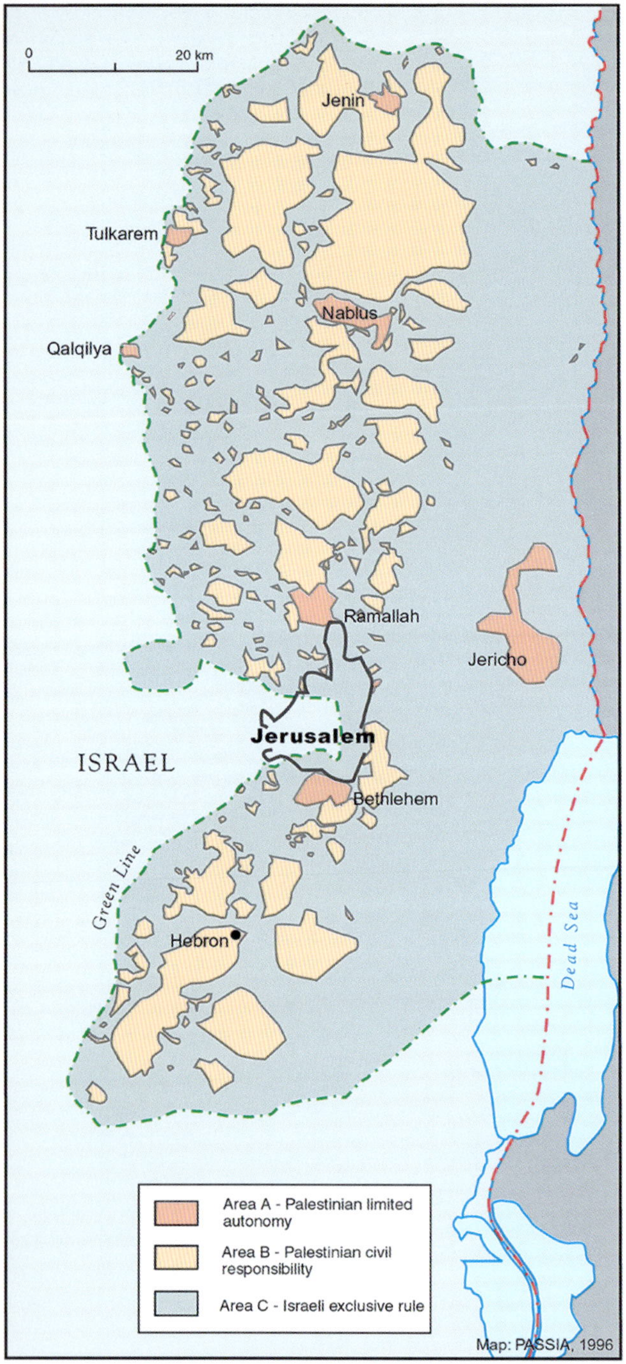

der palästinensischen Gebiete, die wiederholt von Aussperrungen, Belagerungen und Abriegelungen betroffen sind, führte zu einer dramatisch verschlechterten Lebenssituation der palästinensischen Bevölkerung. Auch die zunehmend eingeschränkte Bewegungsfreiheit, die Verzögerung der Verhandlungen durch Israel und das vermeintlich „großzügige Angebot“ von Camp David im Sommer 2000, das aber tatsächlich ein inakzeptabler Vorschlag Israels bezüglich des Endstatus war, ließen den Unmut der palästinensischen Bevölkerung wachsen. Dieser brach sich in der Al-Aqsa-Intifada im September 2000 bahn. Die israelische Armee geht mit äußerst brutaler Gewalt gegen die palästinensische Bevölkerung vor. Seit Beginn der zweiten Intifada wurden mehr als 3000 Palästinenser getötet, Tausende verletzt. In der sogenannten Operation „Schutzschild“ wurden ab März 2002 die palästinensischen Gebiete wieder besetzt. Der Bau einer Mauer zur Separation Israels von der Westbank wurde begonnen. Dafür wird erneut palästinensischer Boden enteignet und vollendete Tatsachen einer Grenzziehung nach israelischem Ermessen geschaffen.

Oslo II, 1995
.A-Zone, palästinensische Städte
.B-Zone, palästinensische Dörfer
.C-Zone, israelische Siedlungen
Militärzonen, verstaatlichter Boden
Größte israelische Siedlungen

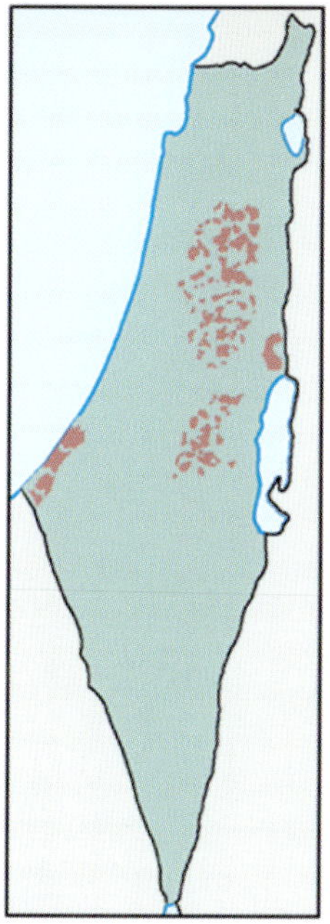

Small Map - Historic Palestine

- Area under total Israeli control, 2002
- Area under Israeli-imposed curfew or/and siege, 2002

Main Map - The West Bank

- Militarily occupied West Bank, 2002
- Palestinian towns and villages sealed by Israeli forces
- Palestinian urban centers reoccupied, sealed and under curfew
- Main settlement blocs
- Outer closure belt containing cantons
- Principal settlement
- Built-up area of urban 'anchor' settlement

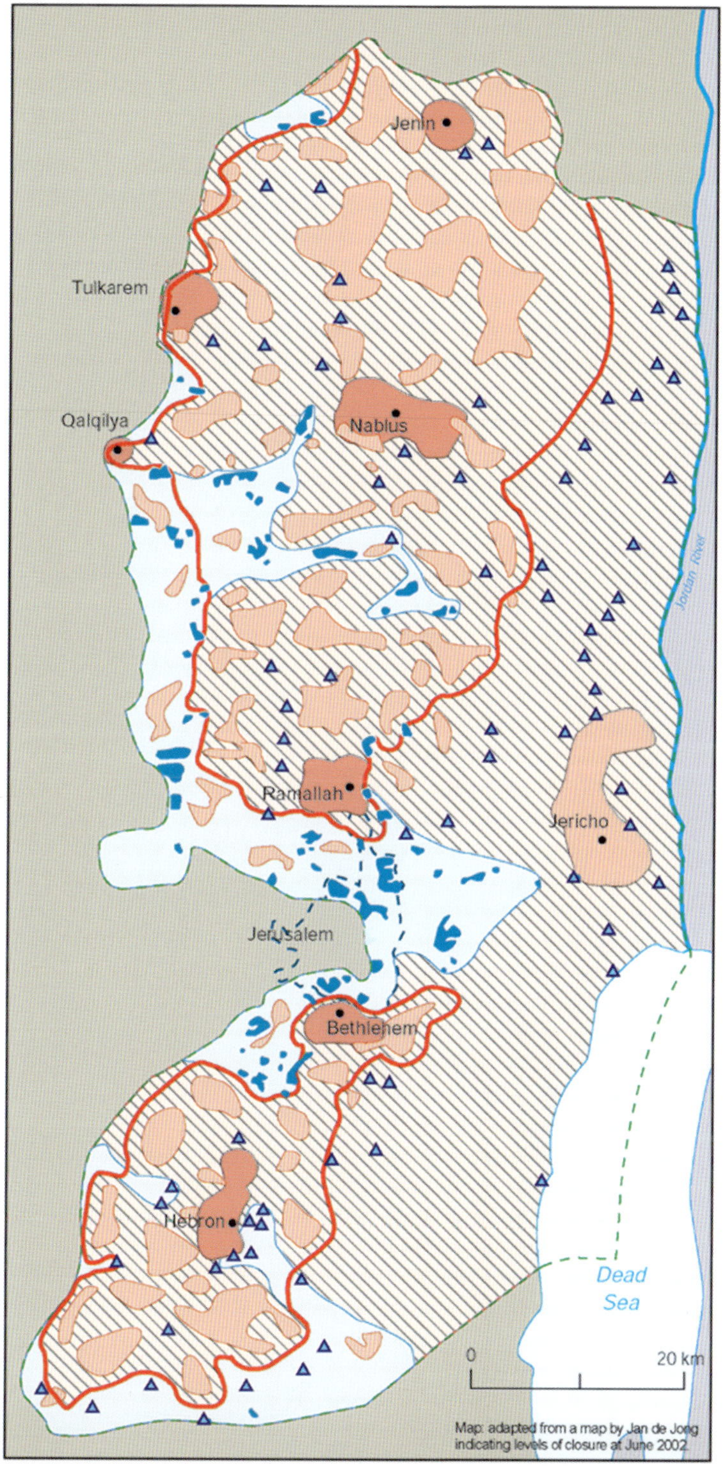

Wiederbesetzung März 2002

Kleine Karte - Historisches Palästina

.Gebiet unter israelischer Kontrolle, 2002

.Gebiet unter Ausgangssperre und/oder israelischer Belagerung,2002

Große Karte – Westjordanland

.Militärisch Besetztes Gebiet, 2002

.Vom israelischen Militär abgeriegelte palästinensische Städte und Dörfer

.Palästinensische Bevölkerungszentren, wiederbesetzt, abgeriegelt und unter Ausgangssperre

.Israelische Siedlungsblöcke

.Äußerer Abriegelungsring

.Größere Siedlung

.Bebautes Gebiet urbaner Siedlungen

Westjordanland – Jüdische Siedlungen und Sperranlage, August 2004

.Fertiggestelltes Teilstück der Sperranlage
.Zurückgebautes Teilstück der Sperranlage
.Im Bau befindliches Teilstück der Sperranlage
.Vom israelischen Obersten Gericht für rechtswidrig erklärter Verlauf der Sperranlage
.Genehmigter Verlauf der Sperranlage
.Genehmigter Verlauf der zusätzlichen Sperranlage
.Grüne Linie (Waffenstillstandslinie von 1949)
.Straße

.Bebautes Gebiet (Siedlung)
.Gebiet innerhalb kommunaler Grenzen (Siedlungen)
.Gebiet unter rechtlicher Hoheit der Regionalverwaltung (Siedlung)
.Von Israel annektiertes Gebiet
.Bebautes Gebiet (Palästinensische Ortschaft)
.A-Zone
.B-Zone
.C-Zone

The West Bank

Jewish Settlements and the Separation Barrier

August, 2004

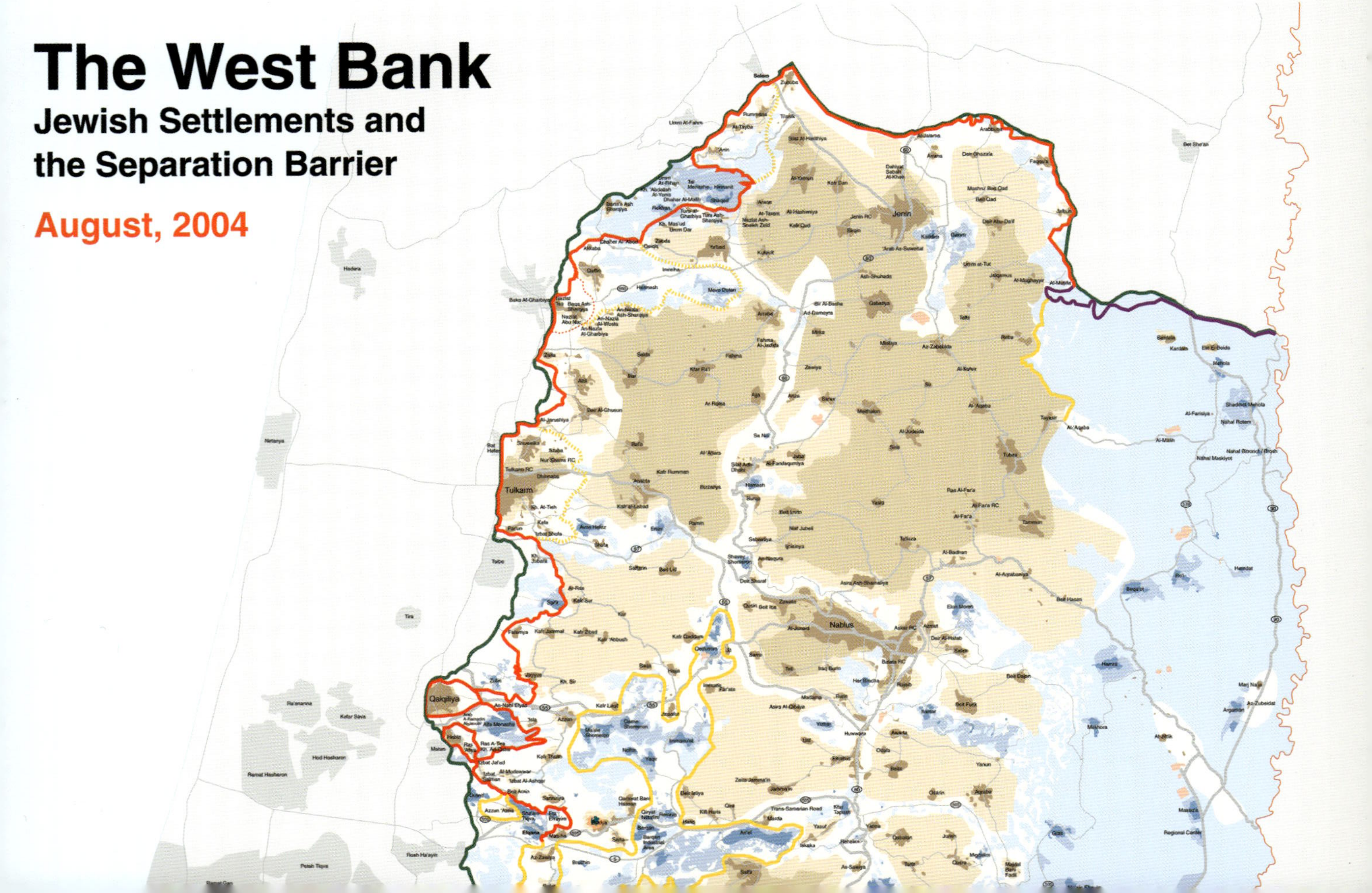

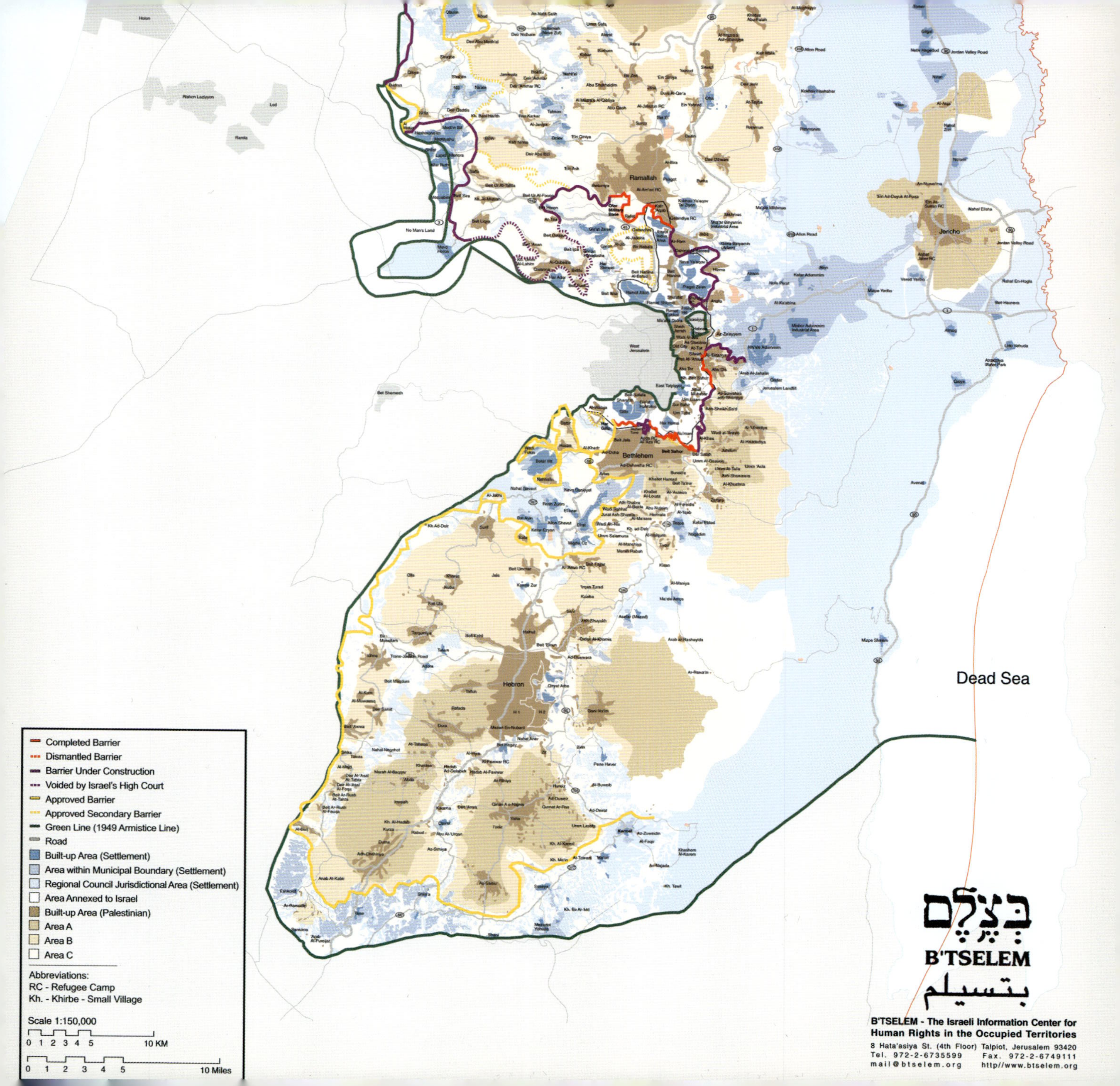
Ramallah
Jericho
Bethlehem
Hebron
West Jerusalem
Dead Sea
No Man's Land
Completed Barrier
Dismantled Barrier
Barrier Under Construction
Voided by Israel's High Court
Approved Barrier
Approved Secondary Barrier
Green Line (1949 Armistice Line)
Road
Built-up Area (Settlement)
Area within Municipal Boundary (Settlement)
Regional Council Jurisdictional Area (Settlement)
Area Annexed to Israel
Built-up Area (Palestinian)
Area A
Area B
Area C
Abbreviations:
RC - Refugee Camp
Kh. - Khirbe - Small Village
Scale 1:150,000
0 1 2 3 4 5 10 KM
0 1 2 3 4 5 10 Miles
B'TSELEM
בצלם
بتسيلم
B'TSELEM - The Israeli Information Center for Human Rights in the Occupied Territories
8 Hata'asiya St. (4th Floor) Talpiot, Jerusalem 93420
Tel. 972-2-6735599 Fax. 972-2-6749111
mail@btselem.org http://www.btselem.org

Alltag unter Besatzung

Alltag unter Besatzung

Der Alltag der palästinensischen Bevölkerung in den Besetzten Gebieten wird seit 1967 von der israelischen Besatzung bestimmt. Im Westjordanland, dem Gaza-Streifen sowie Ostjerusalem leben mehr als 3,8 Millionen Palästinenser in den städtischen Zentren, zahlrei-

Nach dem Abzug der israelischen Panzer aus dem Zeitoun-Viertel von Gaza-Stadt, 13. Mai 2004. *(8)

Palästinenser fahren zum Abu Holi-Chekpoint bei Kfar Darom, um von Gaza-Stadt nach Khan Yunis bzw. Rafah zu gelangen, 2004. *(8)

chen Flüchtlingslagern und Dörfern. Während des sog. Osloer Friedensprozesses und ganz besonders nach Ausbruch der zweiten Intifada im September 2000 haben sich ihre Lebensbedingungen dramatisch verschlechtert.

Infolge der Abriegelung und Wiederbesetzung der palästinensischen Gebiete durch die israelische Armee sind die Palästinenser weitgehend von Arbeitsmöglichkeiten in Israel abgeschnitten. Viele Palästinenser waren und

Zerstörte Straßen können nur eingeschränkt benutzt werden. *(1)

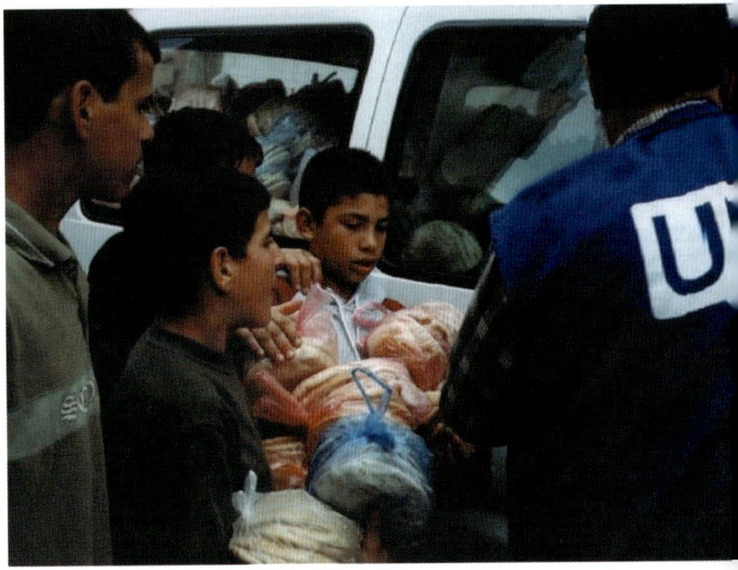

UN-Mitarbeiter verteilt Brot. *(1)

sind auf Arbeits- und Verdienstmöglichkeiten in und den Handel mit Israel angewiesen, weil die israelische Besatzungsmacht die Entwicklung einer eigenständigen Wirtschaft in den Besetzten Gebieten behinderte. Die fortgesetzten Landenteignungen und -zerstörungen schränken zudem die palästinensische Landwirtschaft weiter ein. Der daraus resultierende Niedergang der palästinensischen Wirtschaft führt zu allgemeiner Verarmung. Nach Angaben der Weltbank leben heute mehr als 60 Prozent der palästinensischen

Nach der Zerstörung im Flüchtlingslager Bureij, Gaza-Streifen. *(8)

Bevölkerung unterhalb der Armutsgrenze und müssen von weniger als 2 US-Dollar pro Tag leben. Vor September 2000 lag dieser Wert bei etwa 20 Prozent. Die Arbeitslosigkeit liegt heute je nach Lage und Region zwischen 37 und über 60 Prozent. Ein Großteil der Bevölkerung ist auf Lebensmittellieferungen durch Hilfsorganisationen angewiesen.

Aufgrund der weitgehenden und andauernden Zerstörung der Infrastruktur durch israelische Militäraktionen, sind die Palästinensische Behörde und NGOs nur bedingt in der Lage, soziale und medizinische Leistungen zu gewährleisten. Die widrigen Lebensbedingungen aufgrund der israelischen Besatzungspolitik drängen jedes Jahr eine beträchtliche Zahl von Palästinensern zur Auswanderung.

Palästinensischer Taxifahrer wartet auf das Öffnen des Checkpoints in Deir al-Balah, südlicher Gaza-Streifen, 2004. *(8)

Checkpoints und Ausgangssperren behindern nicht nur die Versorgung mit Lebensmitteln, Wasser und anderen Waren. Auch der Zugang zu medizinischer Versorgung, öffentlichen Einrichtungen und Schulen wird behindert oder teilweise ganz unmöglich gemacht. Durch die eingeschränkte Bewegungsfreiheit werden auch der Handel und die Landwirtschaft – Lebensgrundlage zahlreicher Palästinenser – stark eingeschränkt. Außerdem bestimmt Israel weitgehend den Warenhandel und die Preise.

Die **Präsenz des israelischen Militärs** ist in den Besetzten Gebieten allgegenwärtig. Das Militär zerstört regelmäßig gezielt Wohnhäuser. Bei militärischen Operationen werden Krankenhäuser, Schulen, Straßen und Wasserleitungen beschädigt oder zerstört. Hausdurchsuchungen, Verhaftungen und gezielte Tötungen durch das israelische Militär sind ebenso alltäglich.

Einwohner von Beit Hanoun gehen an den Trümmern eines zerstörten Hauses vorbei, Gaza-Streifen, 20. Mai 2003. *(8)

Die **Kinder** leiden ganz besonders stark an den Folgen der israelischen Besatzung. Die schlechte Versorgungslage verursacht Mangelerkrankungen, Wachstums- und Konzentrationsstörungen. Die überwiegende Mehrheit der Kinder ist traumatisiert. Ausgangssperren und Checkpoints oder die Schließung von Schulen behindern die Bildungsmöglichkeiten.

Palästinenserin passiert zerstörte Häuser im Tell al-Sultan-Viertel des Flüchtlingslagers Rafah, Gaza-Streifen, nach der israelischen Militäroperation, 24. Mai 2004. *(8)

Alltägliche Militärpräsenz in den Besetzten Gebieten. *(1)

Der palästinensische **Widerstand** gegen die israelische Besatzung ist nicht nur von der direkten Konfrontation mit der israelischen Armee gekennzeichnet. Vielmehr ist die palästinensische Bevölkerung durch Protestdemonstrationen und zivilen Ungehorsam daran beteiligt.

Al-Nakba bezeichnet die Tragödie der Zerstörung des palästinensischen Lebens und der palästinensischen Gesellschaftsstruktur im historischen Palästina. Das Trauma des Heimatverlustes und die Hoffnung auf „Rückkehr in die Heimat" sind Kernstück der Erinnerung und nationalen palästinensischen Identität.

Palästinensische Frauen umgehen auf dem Weg zu ihrem Wohnort einen Kontrollposten. *(1)

Während des sog. Osloer Friedensprozesses, der die Klärung der Frage der **Siedlungen** auf Endstatusverhandlungen verschob, verdoppelte Israel die Zahl der Siedler in den Besetzten Gebieten und im annektierten Ostjerusalem auf über 400.000. Die Siedlungen und eigens für Siedler gebaute Umgehungsstraßen werden auf enteignetem palästinensischen Land an strategisch wichtigen Punkten errichtet.

Während die israelische Regierung die **Mauer / Sperranlage** als zeitlich begrenzte Sicherheitsmaßnahme bezeichnet, wird diese seit Juni 2002 mit enormem finanziellem Aufwand ebenfalls auf enteignetem palästinensischen Land gebaut. Sie ist damit als dauerhafte Maßnahme erkennbar, die Fakten schaffen, die palästinensischen Bevölkerungszentren umschließen und in drei Enklaven trennen soll.

Palästinenserin in Trümmern ihres Zerstörten Hauses im Tell al-Sultan-Viertel des Flüchtlingslagers Rafah, Gaza-Streifen, nach der israelischen Militäroperation, 24. Mai 2004. *(8)

Hochzeit unter militärischer Präsenz. (Quelle: Al-Haq)

Palästinenserinnen werden an einem Checkpoint kontrolliert. *(1)

Nach dem Einmarsch der israelischen Armee in Beit Lahia im nördlichen Gaza-Streifen, 2004. *(8)

Im Juli 2004 hat der Internationale Gerichtshof in Den Haag den Mauerbau für völkerrechtswidrig erklärt. Die Folgen des Mauerbaus für die palästinensische Bevölkerung sind gravierend: Zahlreiche Dörfer werden von städtischen Zentren, ihrem Agrarland und Grundwasserbrunnen abgeschnitten.

Ein UNO-Mitarbeiter im Gespräch mit Palästinensern in Jin'ba bei al-Khalil (Hebron).

Die Kontrolle über die **Wasserversorgung** in den Besetzten Gebieten liegt bei der israelischen Besatzungsmacht, die große Teile des Oberflächenwassers des Jordan und der Grundwasservorkommen des Westjordanlandes nach Israel ableitet.

Ein palästinensischer Junge vor dem zerstörten Haus seiner Familie in Beit Hanoun, nördlicher Gaza-Streifen, August 2004. *(8)

Checkpoints

militärische Kontrollpunkte

Sogenannte Checkpoints des israelischen Militärs bestimmen den Alltag der palästinensischen Bevölkerung in den Besetzten Gebieten und schränken deren Bewegungsfreiheit ein.

Wartende Palästinenser am Gilo-Checkpoint zwischen Bethlehem und Jerusalem. *(11)

Huwara-Checkpoint bei Nablus, Durchsuchung des Gepäcks eines Palästinensers, Sommer 2004. (Quelle: Markus Cuel)

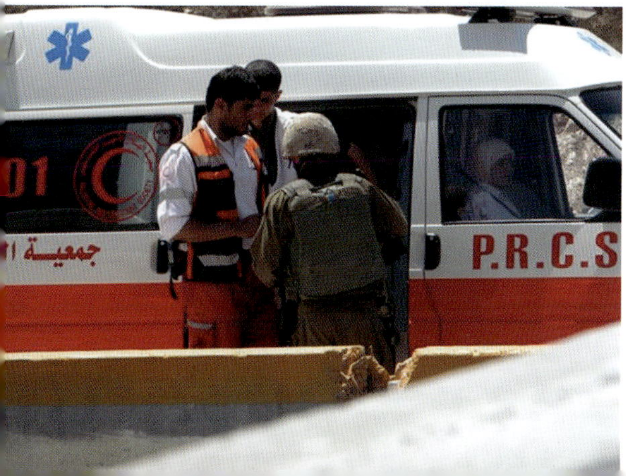

Huwara-Checkpoint bei Nablus, palästinensischer Krankenwagen des Roten Halbmondes wird kontrolliert, Sommer 2004. (Quelle: Markus Cuel)

Sie befinden sich zwischen palästinensischen Ortschaften und an den Übergängen zu Israel. Ausweise werden kontrolliert, Männer müssen sich entkleiden, um sich von dem willkürlichen Verdacht zu befreien, Selbstmordattentäter zu sein, Autos werden durchsucht. Vom Gutdünken der israelischen Soldaten abhängig zu sein ist eine demütigende Situation, die durch die ungewissen Reaktionen der nervösen Soldaten noch verschärft wird: Allein 2001 wurden 51 Palästinenser an Checkpoints getötet.

PalästinenserInnen an einem Kontrollpunkt. *(1)

Qalandia-Checkpoint bei Ramallah, Oktober 2003. *(3)

Durch die **Abriegelungen** werden Familien getrennt, kurze Wegstrecken durch Umwege oder endloses Warten an den Kontrollpunkten zu ungewissen Tagesreisen. Wege, die früher in zwanzig Minuten zu schaffen waren, sind zu einer mehrstündigen Odyssee geworden. Der Warentransport und damit die wirtschaftliche Entwicklung und Versorgung werden behindert. Krankenwagen werden an Checkpoints aufgehalten oder beschossen, was bereits zum Tod von Patienten und Personal geführt hat. Chronisch und akut Kranke werden nach Angaben der Menschenrechtsorganisation Physicians for Human Rights an Krankenhausbesuchen gehindert. Schwangere Frauen erleiden an Checkpoints Fehlgeburten oder müssen dort entbinden. Vor den Checkpoints stauen sich lange **Menschenreihen und Autoschlangen**, entweder weil die einzelnen Autos von den israelischen Soldaten minutiös durchsucht werden oder weil die Soldaten die Autos ohne triftigen Grund warten lassen.

Überquerung eines Checkpoints.
Wartende Sammeltaxis im Hintergrund. *(1)

Ein Krankenwagen wird an einer Straßensperre am südlichen Stadtrand von Bethlehem aufgehalten, Oktober 2003. *(3)

Beit Aynoun Checkpoint bei Hebron, Oktober 2003. *(3)

Aufgeschütteter Erdwall blockiert die Straße im Wadi Badan bei Nablus.

Wartende Palästinenser am al-Tuffah-Checkpoint bei Khan Yunis im südlichen Gaza-Streifen. *(8)

Abu Holi-Checkpoint bei Rafah im südlichen Gaza-Streifen. *(8)

Oft sind die Straßenverbindungen auch durch aufgeschüttete Erdwälle oder -gräben vollständig unterbrochen, so dass die Bevölkerung nur **zu Fuß auf beschwerlichen Umwegen** passieren kann. Kranke, Gepäck und Waren müssen getragen werden. Der größte und bekannteste Kontrollpunkt ist der im Sommer 2001 errichtete Checkpoint Qalandia, der das arabische Ostjerusalem von Ramallah, dem wirtschaftlichen Zentrum der Westbank, trennt.

Qalandia-Checkpoint bei Ramallah, Oktober 2003. *(3)

Durch das Oslo-Abkommen wurden die palästinensischen Bevölkerungszentren in der Westbank und im Gaza-Streifen der Verwaltung der Palästinensischen Behörde unterstellt. Durch Gebiete, in denen Israel teilweise oder volle Befugnisse als Besatzungsmacht

„Unbedenklichkeiskontrolle“ *(1)

beibehalten konnte (sogenannte B- und C-Zonen), sind die palästinensischen Ortschaften – Inseln gleich – voneinander abgeschnitten. Unmittelbar vor der Unterzeichnung der Prinzipienerklärung von Oslo waren die Besetzten Gebiete durch – allerdings teilweise durchlässige – Abriegelungen vom israelischen Kernland abgeschnitten worden.

Qalandia-Checkpoint und die Mauer. *(11)

Qalandia Checkpoint
bei Ramallah. *(1)

Spontaner Checkpoint in der Nähe von Rachels
Grab in Bethlehem, Oktober 2004. *(11)

Gittertor am Qalandia-Checkpoint, Sommer 2004. (Quelle: Adriano Rossi)

Diese Grenzabriegelungen und systematische **Segmentierung** der palästinensischen Gebiete dienen der Absicherung des illegalen Siedlungsbaus und Landraubes durch Israel. Sie sind Teil dessen, was der israelische Politikwissenschaftler Jeff Halper als „**Kontrollmatrix**" bezeichnet. Zu dieser gehört auch die systematische Verhinderung des Aufbaus einer palästinensischen Infrastruktur durch die Verweigerung von Baugenehmigungen oder durch die Behinderung des Im- und Exportes von Waren.

Aufgeschütteter Erdwall in Nablus.

Spontaner Kontrollpunkt inmitten einer palästinensischen Ortschaft. *(1)

Nach Beginn der Al-Aqsa-Intifada im September 2000 wurde das ganze Ausmaß und die Auswirkungen des Systems der Checkpoints deutlicher, denn durch **hunderte permanente oder spontane israelische Kontrollposten** innerhalb der Besetzten Gebiete wird die Bewegungsfreiheit der palästinensischen Bevölkerung noch weiter kontrolliert und eingeschränkt. Im Gegensatz dazu steht das in den Besetzten Gebieten weit verzweigte und gut ausgebaute Wegenetz der Umgehungsstraßen. Sie wurden auf enteignetem palästinensischen Land gebaut, dürfen aber nur vom israelischen Militär und von Siedlern befahren werden.

Umgehung eines Checkpoints über eine vom israelischen Militär zerstörte Straße. *(1)

Militär und Zivilbevölkerung

Die militärische Präsenz Israels in der Westbank und im Gaza-Streifen seit der Besetzung im Juni 1967 wirkt sich zunehmend verheerend auf die palästinensische Bevölkerung aus. Seit Ausbruch der Al-Aqsa-Intifada im September 2000 hat die strukturelle und direkte physische

Israelische Soldaten verhaften einen Palästinenser. *(4)

Festnahme eines Palästinensers. *(9)

Hausdurchsuchung. *(1)

Palästinenser betrachten die Überreste ihrer zerstörten Häuser im Flüchtlingslager Khan Yunis, Gaza-Streifen, 20. Dezember 2004. *(8)

Israelische Panzer im Zeitoun-Viertel von Gaza-Stadt, 13. Mai 2004. Dort waren wenige Tage zuvor sechs israelische Soldaten durch eine Sprengladung getötet worden. *(8)

Gewalt durch das israelische Militär eine verschärfte Dimension erreicht: Demütigung, Entwürdigung, Entrechtung, Einschränkung der Bewegungsfreiheit, permanente schleichende Landenteignung, Verhaftungen, Folter, Tötungen, Häuser- und Landzerstörungen.

Hauptgebäude der Palästinensischen Selbstverwaltung in Nablus, zerstört 2002. (Quelle: Beshara Doumani)

Mehr als 3,8 Millionen Palästinenser müssen in den Besetzten Gebieten faktisch wie in einem großen Gefängnis leben. Seit September 2000 sterben fast täglich Palästinenser durch israelische Militäraktionen. Bis Ende Oktober 2004 tötete das israelische Militär nach Angaben des Palästinensischen Roten Halbmondes 3.423 Palästinenser und verletzte 28.116, die zum Teil lebenslang mit schweren Behinderungen leben müssen. Die hohe Zahl der Opfer lässt sich nach Aussage von B'Tselem durch den tödlichen Schusswaffengebrauch auch in Situationen, die für Soldaten nicht lebensbedrohlich sind, erklären. Die israelische Armee verwendet auch so genannte **Gummigeschosse**, die jedoch auf kurze Distanz und bei Treffern im Oberkörper und im Kopf zum Tod oder schweren Verwundungen führen können.

168 Palästinenser wurden zwischen Ende September 2000 und Mitte September 2004 Opfer von **gezielten Tötungen** der israelischen Armee, die ohne rechtliche Grundlage und Gerichtsverfahren erfolgten. Die Tötungen werden durch Raketenangriffe auf Autos, Häuser und Wohngebiete ausgeführt, denen oft auch unbeteiligte Personen zum Opfer fallen.

Weitere repressive Maßnahmen des israelischen Militärs sind **Hausdurchsuchungen und Verhaftungen**, die mit Demütigungen und Gewaltanwendung gegen Verhaftete und Familienangehörige sowie der Zerstörung von Eigentum einhergehen. Die Zahl der palästinensischen Gefangenen in israelischen Gefängnissen oder in Militärgefängnissen lag Anfang September 2004 bei 7.336. Davon befanden sich 781 in so genannter Administrativhaft, d.h. in zeitlich unbegrenzter, monate- oder jahrelanger Haft ohne Anklage und

Zerstörung palästinensischer Wohnhäuser durch das israelische Militär. *(1)

Durch die israelische Armee zerstörter Innenraum einer Kirche in Nablus. (Quelle: Beshara Doumani)

Gerichtsverfahren. Seit Beginn der israelischen Besatzung sind insgesamt mehr als 650.000 Palästinenser verhaftet worden. Zum Teil zielt die israelische Politik, politische Führer zu töten, zu verhaften oder zu deportieren darauf ab, die politische Führung und Selbstorganisation der palästinensischen Bevölkerung zu schwächen bzw. handlungsunfähig zu machen.

Nach Schätzungen des israelischen Komitees gegen Folter werden gegenwärtig hunderte Palästinenser, auch Minderjährige, in israelischer Haft während Verhören wieder Opfer systematischer **Folter**. Diese ist nach internationalem Recht verboten.

Die **Gewalt** der Armee in direkter Konfrontation mit Palästinensern ist sehr oft exzessiv, unnötig und ungerechtfertigt und reicht von alltäglicher Demütigung an Checkpoints, über Schläge und Tritte bis zu brutaler Gewalt.

Wartende Palästinenser vor einem Kontrollpunkt. *(1)

Durchsuchung. *(1)

Zerstörtes palästinensisches Wohngebiet, Jenin 2002. *(1)

Die israelische Besatzungsmacht zerstörte seit 1967 tausende von palästinensischen Häusern und Landflächen. Unter dem Vorwand fehlender Baugenehmigungen, die jedoch faktisch nicht erteilt werden, wurden nach Angaben des israelischen Komitees gegen

Häuserzerstörungen seit 1967 etwa 8.000 palästinensische Wohnhäuser zerstört, um v. a. die Entwicklung palästinensischer Ortschaften zu beschränken. Als Akt der Bestrafung bzw. Vergeltung zerstört Israel außerdem Häuser von Palästinensern, die u. a. verdächtigt werden, Gewaltakte gegen das israelische Militär, israelische Staatsbürger bzw. palästinensische Kollaborateure verübt oder versucht zu haben. B'Tselem spricht von 612 zerstörten Häusern zwischen Oktober 2001 und September 2004. Aus vermeintlichen Sicherheitsgründen bzw. für militärische Zwecke zerstört Israel weiterhin die meisten Häuser und Landflächen in den Besetzten Gebieten. Als Folge dieser Zerstörungen werden tausende Menschen obdachlos.

Israelische Soldaten schleppen den zuvor erschossenen 23-jährigen Shaker Hasone durch die Straßen von Hebron, 12.01.2001.*(1)

Durch **Abriegelungen** ist den Palästinensern untersagt, nach Israel einzureisen und zwischen der Westbank und dem Gaza-Streifen zu verkehren. Zudem sind Reisen in Drittländer sowie In- und Exporte ohne israelische Genehmigung nicht möglich. Diese wird in Ausnahmefällen erteilt. Bei **Belagerungen** werden Straßen und Wege zu Städten und Dörfern durch Checkpoints, Betonblöcke, Erd-

Erregte Diskussion zwischen Palästinensern und israelischen Besatzungssoldaten. *(1)

Israelische Soldaten bewachen einen Bulldozer, der einen Olivenhain zerstört. *(11)

wälle und tiefe Gräben blockiert. Seit Oktober 2000 sind so die meisten Städte und Dörfer der Westbank voneinander abgetrennt. Bei **Ausgangssperren** wird der palästinensischen Bevölkerung strikt verboten, ihre Häuser zu verlassen. Die Politik der Einschränkung der

Von der israelischen Armee festgenommene Palästinenser. *(1)

Bewegungsfreiheit führt dazu, dass das gesellschaftliche und wirtschaftliche Leben nahezu vollständig zum Erliegen kommt. Der Zugang zu Verwaltungs-, Bildungs- und medizinischen Versorgungseinrichtungen wird erschwert bzw. verhindert.

Nach Angaben des Palästinensischen Roten Halbmondes gab es in den letzten Jahren fast so viele Tage mit wie ohne Einschränkungen. Sämtliche Maßnahmen des israelischen Militärs, die die palästinensische Bevölkerung als Ganzes treffen, stellen eine **Kollektivstrafe** dar und verstoßen vor allem gegen internationales Recht. Als Besatzungsmacht ist Israel jedoch für die Sicherheit und das Wohlergehen der palästinensischen Bevölkerung verantwortlich.

Stützpunkt der israelischen Armee am Abu Holi-Checkpoint, Gaza-Streifen. *(8)

Das Leben der Kinder

unter Besatzung

Die palästinensischen Kinder in der Westbank und im Gaza-Streifen leiden ganz besonders unter den Folgen der seit Juni 1967 andauernden israelischen Besatzung. Mehr als die **Hälfte der palästinensischen Bevölkerung** in den Besetzten Gebieten ist **jünger als acht-**

Palästinensische Familie vor ihrem Zelt, das sie anstelle ihres zerstörten Hauses bewohnen muss, in Khan Yunis bei der israelischen Siedlung Gush Katif, 2002. *(8)

Behinderter Jugendlicher vor zerstörtem Haus. *(1)

zehn Jahre. Seit Beginn der Al-Aqsa-Intifada im September 2000 werden palästinensische Kinder alltäglich mit neuen Dimensionen der Gewaltanwendung durch Israel konfrontiert. Sie wachsen in einer Atmosphäre der **Gewalt, Armut, Hoffnungs- und Perspektivlosigkeit** auf. Israelische Militärmaßnahmen, die mit unverhältnismäßiger Härte durchgeführt wer-

Ein palästinensisches Mädchen schaut auf einen israelischen Panzer, der die Küstenstraße nahe der israelischen Siedlung Nezarim im Gaza-Streifen blockiert. *(8)

Palästinensische Jungen gehen hinter einem UNO-Fahrzeug in Deckung, während die israelische Armee das Feuer in Khan Yunis eröffnet, Februar 2001. *(8)

den, treffen insbesondere die Kinder sowohl physisch als auch psychisch: Verhaftungen, Demütigungen, Folter und Tötungen von Kindern oder Familienangehörigen. Ebenso wirken sich Häuserzerstörungen, Ausgangssperren und Zerstörungen der Lebensgrundlagen, Behinderung beim Zugang zu medizinischer Versorgung und Schulen sowie unzureichende Ernährung in verstärktem Maße negativ auf die gesellschaftliche, soziale und gesundheitliche Entwicklung der Kinder aus.

Spielende Kinder. *(1)

Seit Beginn der Al-Aqsa-Intifada bis Mitte September 2004 wurden nach Angaben von B'Tselem bei Militäraktionen **557 Kinder** unter achtzehn Jahren **getötet**. UNICEF spricht von über **12.000 verwundeten Kindern**, von denen viele vermutlich ein Leben lang mit körperlichen Behinderungen unterschiedlichen Grades leben müssen. Der Anteil der traumatisierten und psychisch erkrankten Kinder liegt bei 70 bis 80 Prozent und die langfristigen Folgen sind nicht abzusehen. Neben Angstzuständen, Ess- und Schlafstörungen treten Konzentrationsschwierigkeiten und psychosomatische Erkrankungen wie z.B. Kopfschmerzen, Hautreizungen und Magenschmerzen auf. Bei vielen Kindern schlagen zwar Demütigungen, Frustrationen und Verzweiflung in Aggressionsbereitschaft um. Aber entgegen vielen Medienberichten ist nur eine geringe Zahl heranwachsender Palästinenser an Straßenkämpfen beteiligt.

Mutter und Kinder an einem Checkpoint. *(11)

Seit September 2000 wurden etwa **2.500 Kinder vorübergehend in** Gewahrsam bzw. Haft genommen. Im Oktober 2004 saßen nach Angaben von B'Tselem 167 Kinder in israelischen Gefängnissen, in den Militärgefängnissen 219 Kinder. Oft werden sie lange in Hafteinrichtungen unter dem Vorwurf der Beteiligung an

Mädchen in Trümmern eines zerstörten Hauses. *(1)

Verhaftung eines Kindes. *(1)

Nach der Zerstörung ihrer Häuser durch die israelische Armee müssen Familien mit ihren Kindern in Zelten wohnen. *(1)

Protestaktionen festgehalten, ohne dass Anklage erhoben wird. Verurteilungen erfolgen in den meisten Fällen ohne ausreichende Verteidigungsmöglichkeiten. Wie erwachsene Gefangene werden auch Kinder wieder systematisch durchgeführten, unmenschlichen und zudem völkerrechtswidrigen Folter- und Verhörmethoden des Militärs bzw. des Geheimdienstes unterworfen.

Die **Gesundheitsversorgung** kann aufgrund der ständigen Abriegelungen, Belagerungen und Ausgangssperren nicht bzw. schwerlich gewährleistet werden. Notwendige medizinische Untersuchungen, Behandlungen, Medikamente und Impfstoffe können Kinder deshalb oft nicht erhalten.

Ein Jugendlicher wird verhaftet. *(1)

Nach einem israelischen Angriff. *(1)

Aufgrund **unzureichender bzw. einseitiger Ernährung** sind bei vielen Kindern Blutarmut und Wachstumsstörungen festzustellen. Durch die unzureichende und qualitativ schlechte Wasserversorgung treten bei Kindern vermehrt Durchfall- , Magen- und Darmerkrankungen auf, die bei verspäteter bzw. mangelnder medizinischer Behandlung besonders bei Kleinkindern zum Tode führen. Haut- und Atemwegserkrankungen sind weit verbreitet, da Müllberge auf den Straßen aufgrund der ständigen Ausgangssperren und Militäraktionen nicht entfernt werden können und häufig in Brand geraten.

Die fast täglichen militärischen Maßnahmen der unterschiedlichsten Art und Intensität, Straßenblockaden, Ausgangssperren und neuerdings die Sperranlage führen dazu, dass ca. ein Drittel der Kinder bzw. Lehrerinnen und Lehrer ihre Schulen oder Kindergärten nicht oder nicht rechtzeitig erreichen können. Die Folgen sind **Unterrichtsausfälle** oder zeitweilige Schließungen. Durch die Zerstörung, Beschädigung oder anderweitige Nutzung zahlreicher Schulgebäude durch das Militär wird der Schulbesuch unmöglich gemacht.

Palästinensisches Mädchen vor dem Zelt, in dem seine Familie nach der Zerstörung ihres Hauses im Flüchtlingslager Khan Yunis wohnt, Juni 2001. *(8)

Quelle: *(1)

Schüler warten an der Sperranlage bei Tulkarem auf das Öffnen des Tores, um zur Schule zu gelangen, Oktober 2003.

Am Qalandia-Checkpoint bei Ramallah. *(3)

Aufgrund der vielen psychologischen Probleme können viele Kinder dem Unterricht nicht folgen. Die dramatisch schlechte wirtschaftliche Lage der Familien in der Westbank und dem Gaza-Streifen, die hohe Arbeitslosigkeit und die deshalb stets **steigende Armut**, von der zur Zeit etwa 70 Prozent der Kinder betroffen sind, führen dazu, dass Kinder zum Familieneinkommen beitragen müssen und daher die Schule nicht regelmäßig besuchen können. Sie erwerben deshalb oft nur schlechte Schulabschlüsse oder verlassen die Schule vorzeitig.

Widerstand
gegen die israelische Besatzung

Palästinensische Demonstration für die Freiheit des palästinensischen Volkes, gegen die israelische Besatzung und Siedlungspolitik. *(2)

Israel enteignet im Rahmen seiner Besatzungspolitik weite Teile des palästinensischen Bodenbesitzes in den Besetzten Gebieten für Siedlungsbau und militärische

Infrastruktur. Die Besatzungspolitik behindert die Entwicklung einer eigenständigen palästinensischen Infrastruktur und Wirtschaft. Wohnhäuser der palästinensischen Bevölkerung werden gesprengt, häufige langfristige Ausgangssperren verhängt. Hausdurchsuchungen, Verhaftungen ohne Prozess oder Angabe von Gründen (sog.

„Keine Verhandlungen mit Mauern" / „Ich habe Freunde auf der anderen Seite" – Kinder demonstrieren am Tor bei Jayyous gegen den Mauerbau. *(4)

Administrativhaft bis zu sechs Monaten und länger) und Folter sind ebenso an der Tagesordnung wie die Schließung von Universitäten, Schulen und anderen Institutionen für längere Zeit, Deportationen, der Schusswaffeneinsatz bei Demonstrationen und eine strenge Pressezensur. Die israelischen Regierungen unter Netanyahu und Barak haben die Umsetzung der Oslo-Vereinbarungen verzögert, gleichzeitig die Siedlungspolitik in den Besetzten Gebieten noch verstärkt und durch die Abriegelungen der Besetzten Gebiete die weitere Verschlechterung der ohnehin desolaten sozialen und wirtschaftlichen Lebenssituation der palästinensischen Bevölkerung bewirkt. Die Unterstützung bzw. Duldung des israelischen Vorgehens v.a. durch die USA und Europa haben Ohnmachtgefühl, Wut und Verzweiflung der palästinensischen Bevölkerung weiter verstärkt.

Widerstand gegen die Zerstörung eines Olivenhains wegen des Mauerbaus, Zawiya bei Salfit. *(4)

„Weigert Euch, Besatzer zu sei." – Demonstration gegen den Mauerbau in Beit Surik, Februar 2004. *(3)

Palästinensische Kinder protestieren auf den Ruinen eines zerstörten Hauses. *(1)

Der Gang Ariel Sharons auf den Haram Asch-Scharif / Tempelberg im September 2000 war daher lediglich der Auslöser für den offenen Protest der palästinensischen Bevölkerung gegen die israelische Besatzungspolitik durch die Al-Aqsa-Intifada, die bis heute andauert. Bereits von 1987-1993

Demonstration bei Beit Duqqu, nordwestlich von Jerusalem. *(4)

Demonstration gegen den Mauerbau in Zawiya bei Salfit. *(4)

hatte die erste Intifada als organisierter Protest auf breiter Basis stattgefunden. Es war der Versuch der palästinensischen Bevölkerung, durch die verschiedenen Widerstandsformen eines Volksaufstandes gegen ihre **fortgesetzte Unterdrückung** und völlige **politische Entrechtung**, gegen Landenteignung, Besiedlung und wirtschaftliche Ausbeutung zu demonstrieren und die israelische Besatzung „abzuschütteln“ (so die Bedeutung des Wortes „Intifada“). Israel reagierte auf die Aufstandsbewegung mit militärischer Gewalt und einer Politik des gezielten „Knochenbrechens“.

Zum Symbol des palästinensischen Widerstandes gegen die israelische Besatzung und des ungleichen Kräfteverhältnisses sind die Jugendlichen geworden, die sich mit Steinen den Panzern des israelischen Militärs entgegenstellen. Der breite

Quelle: *(2)

Protest gegen die israelische Besatzungspolitik. *(1)

Widerstand der palästinensischen Bevölkerung erschöpfte und erschöpft sich dennoch nicht in der direkten Konfrontation mit der israelischen Besatzungsarmee durch Steine werfende Jugendliche. Am Widerstand durch **Protestdemonstrationen** und **zivilen Ungehorsam** (z.B. Steuerboykott, Boykott israelischer Waren) ist die gesamte Bevölkerung auf unterschiedlichste Art und Weise beteiligt.

Selbstorganisierte Komitees von Freiwilligen und NGOs sind um die mühsame **Aufrechterhaltung der zivilen Infrastruktur** bemüht und organisieren z.B. die Versorgung mit Lebensmitteln und anderen Waren, die Wasserversorgung, medizinische Versorgung, Müllentsorgung und die Aufrechterhaltung des Schulbetriebes. Ebenso gibt es Initiativen zur **Bewahrung des kulturellen Erbes** Palästinas. Protestdemonstrationen richten sich gegen die Zerstörung von Häusern und Olivenhainen, Landenteignungen, Siedlergewalt und gegen die Schikanen an den Checkpoints. Die Demonstrationen werden auch von internationalen Solidaritätsgruppen vor Ort unterstützt. Besonders wichtig ist auch die Informationsarbeit durch palästinensische Menschenrechtsorganisationen und NGOs, teils auch in Zusammenarbeit mit

Konfrontation palästinensischer Jugendlicher mit der israelischen Armee. *(1)

Direkte Konfrontation. *(2)

internationalen bzw. israelischen Organisationen. Ziel ist es, Informationen über das israelische Vorgehen und Menschenrechtsverletzungen in den Besetzten Gebieten und die Folgen der Besatzungspolitik für die palästinensische Bevölkerung zusammenzutragen und darüber zu berichten, um internationale Aufmerksamkeit zu erreichen.

Al-Nakba – die Katastrophe

Das Jahr 1948 bedeutet für das palästinensische Volk die **nationale Katastrophe** (arabisch: al-Nakba), während für die Weltöffentlichkeit die Gründung des Staates Israel im Vordergrund steht. Al-Nakba bezeichnet die Tragödie der **Zerstörung des palästinensischen Lebens und der palästinensischen Gesellschaftsstruktur** im historischen Palästina. Die Mehrheit der arabischen Einwohner Palästinas wurde vertrieben oder musste vor den heranrückenden israelischen Truppen fliehen und wurde zu Flüchtlingen – bis heute.

Palästinensische Familien verlassen das Dorf al-Faluja (nordöstlich von Gaza-Stadt), 1948. (Quelle: Palestinian Diaspora and Refugee Center)

418 palästinensische Dörfer und Städte wurden zerstört und ihre Spuren überwiegend vom Erdboden und von der Landkarte getilgt. Die nationale Tragödie der Palästinenser ist aus dem nationalen, zionistischen Geschichtsbild Israels physisch und kulturell ausgeblendet. Während es zahlreiche Mahnmale für die in Kriegen gefallenen israelischen Soldaten gibt, findet sich keinerlei öffentliche Erinnerung an das zerstörte palästinensische Leben: Die Orte ehemaliger palästinensischer Dörfer sind heute häufig von Kakteen und Feigenbäumen überwuchert, von angepflanzten Wäldern überdeckt oder mit israelischen Ortschaften überbaut, die hebräische Namen tragen.

Palästinensische Flüchtlinge auf dem Weg in den Libanon, 1948. *(7)

In historischen Darstellungen und der öffentlichen Debatte sind v.a. die **Zahlen der Flüchtlinge** und die **Gründe** umstritten, warum sie ihre Heimat verließen bzw. verlassen mussten. Eine Kommission der UNO bezifferte 1949 die Zahl der Flüchtlinge auf 726.000. Das Ende 1949 gegründete UN-Hilfswerk für palästinensische Flüchtlinge (UNRWA), das am 1. Mai 1950 seine Arbeit aufnahm, bezifferte sie zunächst auf 914.000. Offizielle israelische Quellen sprechen hingegen von etwa 520.000 Flüchtlingen, die vermeintlichen Aufrufen arabischer Führer folgten und überwiegend freiwillig Palästina verließen. Arabische Quellen sprechen von über 940.000 Flüchtlingen, die mehrheitlich wegen Angriffen jüdischer paramilitärischer Gruppen bzw. (nach der Staatsgründung) vor Angriffen der israelischen Armee flohen und in zahlreichen Fällen direkt vertrieben wurden.

Das Vorrücken der israelischen Armee ging mit gezielter Einschüchterung und Zerstörungen arabischer Ortschaften, Terror und Vertreibungen einher und löste bei der palästinensischen Bevölkerung eine Fluchtwelle aus. Die israelische Regierung versuchte, eine Rückkehr der Flüchtlinge mit allen Mitteln zu verhindern: Verlassene arabische Dörfer, Häuser und Felder wurden entweder zerstört oder jüdischen Neueinwanderern zugeteilt, die jetzt in großer Zahl ins Land kamen. Dieser komplexe Hintergrund der Nakba ist von jüngsten Forschungsergebnissen israelischer Historiker bestätigt worden.

Blick auf das Dorf al-Birwa, 1928. (Quelle: Walid Khalidi, All That Remains)

Das palästinensische Dorf Kafr Bir'em in Obergaliläa. 1948 wurden die Bewohner von der israelischen Armee aufgefordert, ihr Dorf für zwei Wochen zu verlassen. 1953 wurde das Dorf zerstört.
(Quelle: Salah Kanaan 2000)

Zerstörte Olivenpresse in al-Birwa, im Hintergrund Häuser des Moschaw Ahihud, errichtet auf dem Land von al-Birwa (bei Akka/Akko 1995).
(Quelle: Mahmoud Kayyal)

Ausflugsort Achziv bei Nahariya auf den Ruinen des palästinensischen Dorfes al-Zeeb, September 2004. (Quelle: Anja Zückmantel)

Am 11. Dezember 1948 schrieb die UN-Vollversammlung in der **Resolution 194** das Recht der palästinensischen Flüchtlinge auf Rückkehr in ihre Heimat bzw. ihren Anspruch auf Entschädigung fest. Seit Juli 1950 erkennt jedoch das sog. **Rückkehrgesetz** jedem jüdischen Einwanderer automatisch die israelische Staatsbürgerschaft zu, während den palästinensischen Flüchtlingen bis heute die Rückkehr, aber auch Entschädigung verweigert wird.

Die Flüchtlinge des 1948er Krieges, wie auch die des 1967er Krieges, der wiederum zu einer großen Flüchtlingswelle führte, fanden sich in Flüchtlingslagern im Westjordanland und Gaza-Streifen, Libanon, Jordanien und Syrien wieder. (Innerhalb der Waffenstillstandslinie von 1949, also dem israelischen Staatsgebiet, verblieben etwa 150.000 Palästinenser, von denen etwa 25 Prozent ebenfalls zu Flüchtlingen geworden waren.) UNRWA betreut derzeit mehr als vier Millionen Flüchtlinge, von denen mehr als 1,3 Millionen **in 59 Flüchtlingslagern** leben. In den arabischen Zufluchtsländern sind – in unterschiedlichem Ausmaß – die politischen und sozialen Rechte der palästinensischen Flüchtlinge eingeschränkt. Die übrigen palästinensischen Flüchtlinge leben weltweit zerstreut, v.a. in den USA und Europa.

Allenby-Brücke, Jordantal 1967.
Tausende Palästinenser wurden im Juni-Krieg 1967 zum zweiten Mal zu Flüchtlingen. *(7)

Im Flüchtlingslager Nahr el-Barid in Tarablus (Libanon) lebten 1951 etwa 6.000 palästinensisch Flüchtlinge. *(7)

„Wir werden al-Nakba nicht zweimal erleben.“ Demonstration, 2003. *(4)

Humanitäre Hilfe durch UNRWA. *(7)

Ruinen des palästinensischen Dorfes Hawsha (zwischen Haifa und Shafaámr). (Quelle: Salah Kanaan)

Ruinen des palästinensischen Dorfes Hawsha, zwischen Haifa und Shafaámr, September 2004. (Quelle: Anja Zückmantel)

Heute gibt es **mehr als fünf Millionen palästinensische Flüchtlinge** – die weltweit größte Einzelgruppe – und die Flüchtlingsfrage bleibt eines der umstrittensten Kernprobleme bei der Suche nach einer Regelung des israelisch-palästinensischen Konflikts. Auch in der dritten und vierten Generation sind das **Trauma des Heimatverlustes** und ihre ursprünglichen Herkunftsorte im heute zu Israel gehörenden Teil des historischen Palästina wichtige Bezugspunkte für die Flüchtlingsfamilien. Die Zelte in den Flüchtlingslagern sind inzwischen durch feste, dicht gedrängte Häuser ersetzt. Kennzeichnend für das Leben in den Flüchtlingslagern sind jedoch beengte Wohnverhältnisse, unzureichende Infrastruktur, hohe Arbeitslosigkeit und Armut. Es herrscht ein Klima empfundener Vorläufigkeit: Die Hoffnung auf „Rückkehr in die Heimat“ ist Kernstück der palästinensischen nationalen Identität.

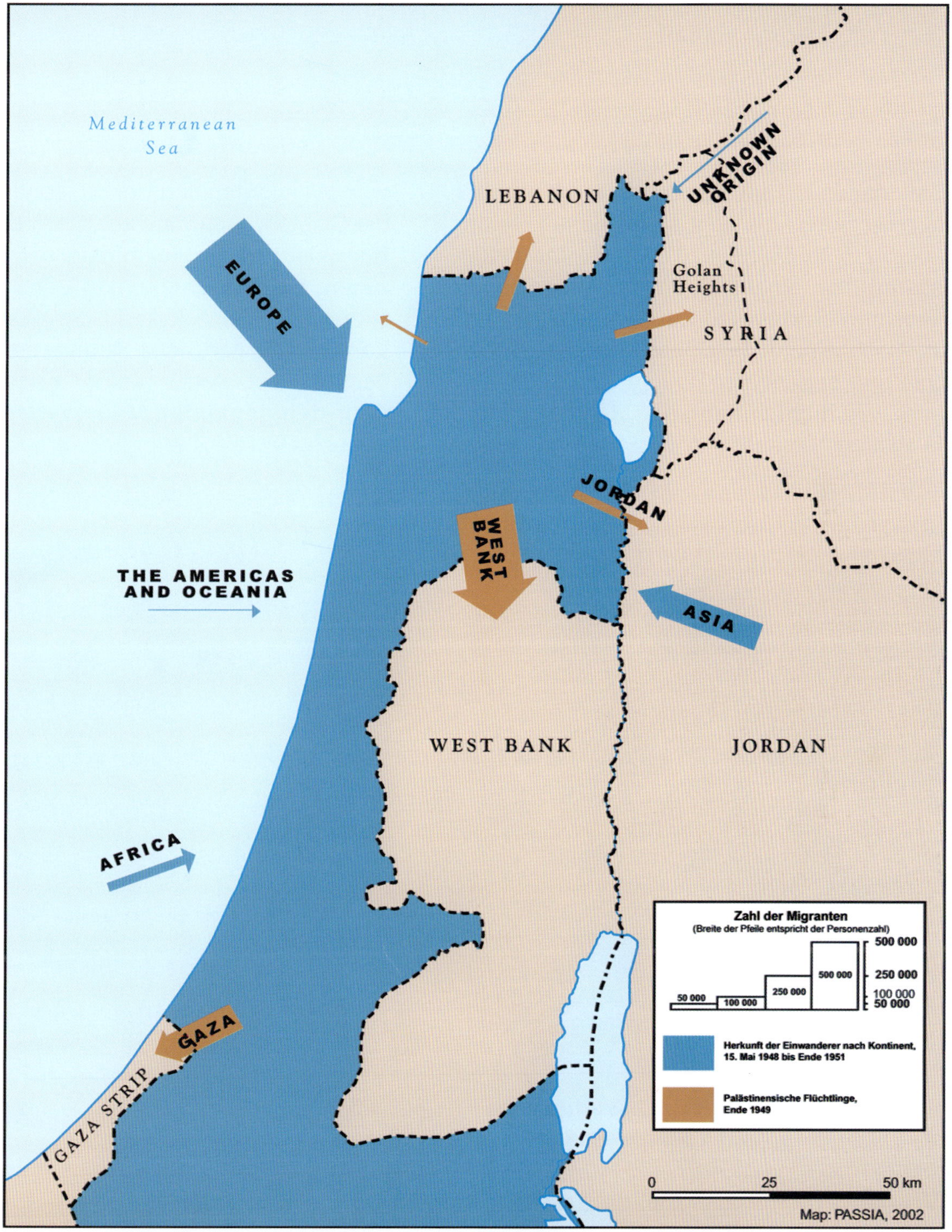
Mediterranean Sea
LEBANON
UNKNOWN ORIGIN
Golan Heights
SYRIA
EUROPE
JORDAN
WEST BANK
THE AMERICAS AND OCEANIA
ASIA
WEST BANK
JORDAN
AFRICA
GAZA
GAZA STRIP
Zahl der Migranten
(Breite der Pfeile entspricht der Personenzahl)
500 000
250 000
100 000
50 000
Herkunft der Einwanderer nach Kontinent, 15. Mai 1948 bis Ende 1951
Palästinensische Flüchtlinge, Ende 1949
0 25 50 km
Map: PASSIA, 2002

Die Mauer/Sperranlage

Die Mauer ist ein **Sperranlagen-Komplex** aus einer sechs bis acht Meter hohen Betonmauer (z.Z. in Qalqiliya, Tulkarem und Ostjerusalem) bzw. einem bis zu drei Meter hohen befestigten elektrischen Zaun im übrigen Verlauf. Nach einem Beschluss der israelischen Regierung begann der Bau im Juni 2002. Die Mauer wird **nicht entlang der „Grünen Linie“** (die Waffenstillstandslinie von 1949, die Israel vom Westjordanland trennt), sondern (z.B. um die Siedlung Ariel) bis zu 22 km **tief in palästinensisches Gebiet hinein** und **auf enteignetem palästinensischem Land** gebaut. Auf israelischer Seite wird für den Mauerbau kein Land konfisziert. Die israelische Regierung veröffentlicht vorab **keine genauen Pläne über den geplanten Mauerverlauf**. Die Mauer kostet etwa 2,4 Mio. Euro pro Kilometer.

Mauerbau bei Abu Dis, nahe Jerusalem, 2004.

Mauer mit Wachturm bei Qualqiliya, März 2003.*(4)

Entlang der Mauer wird eine 30-100 Meter breite Pufferzone mit Beobachtungstürmen, elektrischen Zäunen, Gräben, Kameras und Sensoren, Radarüberwachung und Patrouillenwegen für Militärfahrzeuge errichtet. Dafür werden **palästinensische Häuser und landwirtschaftlich genutzte Flächen zerstört**, Land (nominell für militärische Zwecke) enteignet oder die Mauer verläuft in unmittelbarer Nähe von Wohnhäusern, Geschäften oder Schulen.

Derzeit ist die Mauer etwa 200 km lang; jedoch sind etwa **700 km geplant**. Die Mauer soll das gesamte Westjordanland umschließen; dabei werden große Gebiete abgetrennt und noch mehr Enklaven und militärisches Sperrgebiet geschaffen. Der geplante Verlauf der Mauer umschließt die palästinensischen Bevölkerungszentren und trennt sie in drei Enklaven. Siedlungen und Umgehungsstraßen für israelisches Militär und Siedler ergänzen die Mauer als Barrieren, die in palästinensisches Gebiet schneiden.

Die Folgen für die palästinensische Bevölkerung sind drastisch und unmittelbar: Nach Schätzungen von B'Tselem sind über **875.000 Palästinenser und 206 Ortschaften vom Mauerbau direkt betroffen.** Etwa 250.000 Palästinenser werden durch den Mauerverlauf vom Westjordanland isoliert, weil ihre Häuser zwischen „Grüner Linie" und Mauer liegen bzw. von ihr eingeschlossen sind. Außerdem werden ca. 200.000 Einwohner Ostjerusalems vom Westjordanland völlig abgeschnitten sein.

Wartende Palästinenser am Tor bei Qalqiliya, Sommer 2004. (Quelle: Markus Cuel)

Tor in der Sperranlage bei Reikhan, nahe Jenin, September 2004.

Bauarbeiten am Südabschnitt der Mauer bei Jerusalem (sog. „Jerusalem envelope"), November 2002. *(6)

Die **Abgrenzung** der Dörfer behindert nicht nur den Zugang zu den städtischen Zentren sozialer Dienstleistungen wie Krankenhäusern, Schulen, Märkten und Orten des Gebetes, sondern auch die landwirtschaftliche Produktion und den Zugang zu den lokalen Märkten zum Verkauf landwirtschaftlicher Produkte, der Lebensgrundlage vieler Palästinenser. Mehr als 100 palästinensische Ortschaften werden durch den Mauerverlauf von ihrem Agrarland abgeschnitten. Auch der Zugang zu vielen Grundwasserbrunnen und Zisternen wird durch diese Abgrenzung unmöglich.

Sicherheitswarnung:"Lebensgefahr – Militärisches Sperrgebiet. Jede Person, die den Zaun überschreitet oder beschädigt, gefährdet ihr Leben." *(6)

Bauarbeiten bei Arab el-Suwahra (Ostjerusalem), Dezember 2003. *(6)

Entlang des ersten Bauabschnitts im Norden des Westjordanlandes ist das Gebiet zwischen „Grüner Linie" und Mauer bereits zum **militärischen Sperrgebiet** erklärt worden. Der Zugang zu diesem Gebiet ist für Palästinenser nur mit der Genehmigung der israelischen Zivilverwaltung möglich. Tore in der Sperranlage werden nach Ermessen des israelischen Militärs geöffnet.

An einem Tor in der Sperranlage. *(4)

Mühsames Passieren der noch nicht fertig gestellten Mauer in Abu Dis (Ostjerusalem), September 2003. *(4)

Der Zugang etwa für Händler, Schüler oder Lehrer in dieses Gebiet, für Bauern zu ihren dortigen Feldern oder auch Verwandtenbesuche werden hier wie an den bereits üblichen Checkpoints im Westjordanland behindert und stark eingeschränkt. Palästinensische Bewohner dieses erklärten Sperrgebietes, die hier seit Generationen leben, müssen eine **Genehmigung ihres Wohnrechts** beantragen, das von der Zivilverwaltung auch verweigert werden kann. Aufgrund dieser Einschränkungen der Bewegungsfreiheitundderdaraus resul-tierenden unhaltbaren Lebensbedingungen werden viele Menschen unter Druck geraten, diese Gebiete zu verlassen.

Die Mauer bei Abu Dis (Ostjerusalem), Januar 2004. *(4)

Bereits jetzt leben Familien in Behelfsunterkünften auf ihrem Agrarland, um es zu bewirtschaften und ihre Enteignung zu verhindern. – Der Mauerbau in den Besetzten Gebieten verletzt die Palästinenser in ihren Menschenrechten, z.B. in ihrem Recht auf Bewegungsfreiheit und auf Eigentum.

Die israelische Bevölkerung unterstützt mehrheitlich den Mauerbau, den die israelische Regierung nach eigenen Angaben als Sicherheitsmaßnahme gegen unkontrolliertes Eindringen von Palästinensern errichtet. Während die israelische Regierung noch 2002 zu Beginn der Bauarbeiten erklärte, der Mauerbau sei eine zeitlich begrenzte Sicherheitsmaßnahme, ist

Bauern versammeln sich vor dem Grenzzaun, um zu ihrem Ackerland zu gelangen, Qafin (bei Tulkarem), Juli 2003.

das Projekt angesichts des enormen finanziellen Aufwandes und der deutlich nach israelischen Interessen verlaufenden ersten Bauabschnitte als **dauerhafte Konstruktion** erkennbar. Die Mehrheit der Siedlungen wird durch den Mauerbau faktisch von Israel annektiert. Fast die

Kinder passieren ein Tor in der Sperranlage. *(4)

Der Mauerverlauf zwischen al-Eizariya und al-Tur bei Jerusalem. (Quelle: Salah Kanaan)

Wegen des Mauerbaus zerstörter Olivenhain bei Isla (bei Qalqiliya), November 2003. *(4)

gesamte Siedlerbevölkerung wird sich westlich der Sperranlage wiederfinden. Deswegen gerät der Mauerbau unter zunehmende **internationale Kritik**: Am 21. Oktober 2003 verurteilte die **UN-Vollversammlung** in einer Resolution den Mauerbau als **völkerrechtswidrige Landnahme.** Die Resolution war nach tagelangem diplomatischen Ringen als Kompromissvorschlag von der Europäischen Union eingebracht worden. Auch wenn für die UNO die Mauer „auf okkupiertem palästinensischem Territorium" nun ein Verstoß gegen internationales Recht ist, haben Beschlüsse der Vollversammlung keine völkerrechtlich bindende Wirkung. Mit großer Mehrheit von 144 UN-Mitgliedsstaaten (bei vier Nein-Stimmen und 12 Enthaltungen) forderte die UN-Vollversammlung den **Abbau der Sperranlagen** und äußerte Besorgnis über den Verlauf der Mauer auf besetztem palästinensischem Gebiet „einschließlich in und um Ostjerusalem". Es wurde betont, dass der Verlauf von der 1949 festgelegten Trennungslinie („Grüne Linie") abweicht. Dieser Verlauf könnte „künftigen Verhandlungen vorgreifen und die Verwirklichung der **Zweistaaten-Lösung praktisch unmöglich machen**". Außerdem, so die Resolution, bedeuteten die Anlagen

„**weitere humanitäre Härten für die Palästinenser**“. In einer weiteren Resolution vom Dezember 2003 beauftragte die UN-Vollversammlung den Internationalen Gerichtshof in Den Haag, ein Gutachten über den Mauerbau nach geltendem Völkerrecht zu erstellen. Im Juli 2004 erklärte der Gerichtshof den Mauerbau für **völkerrechtswidrig**.

Ein Hinweisschild am Tor in der Sperranlage bei Qualqilya nennt die Passierzeiten, zweimal täglich für kurze Zeit, Sommer 2004 (Quelle: Markus Cuel)

The Separation Barrier in Jerusalem

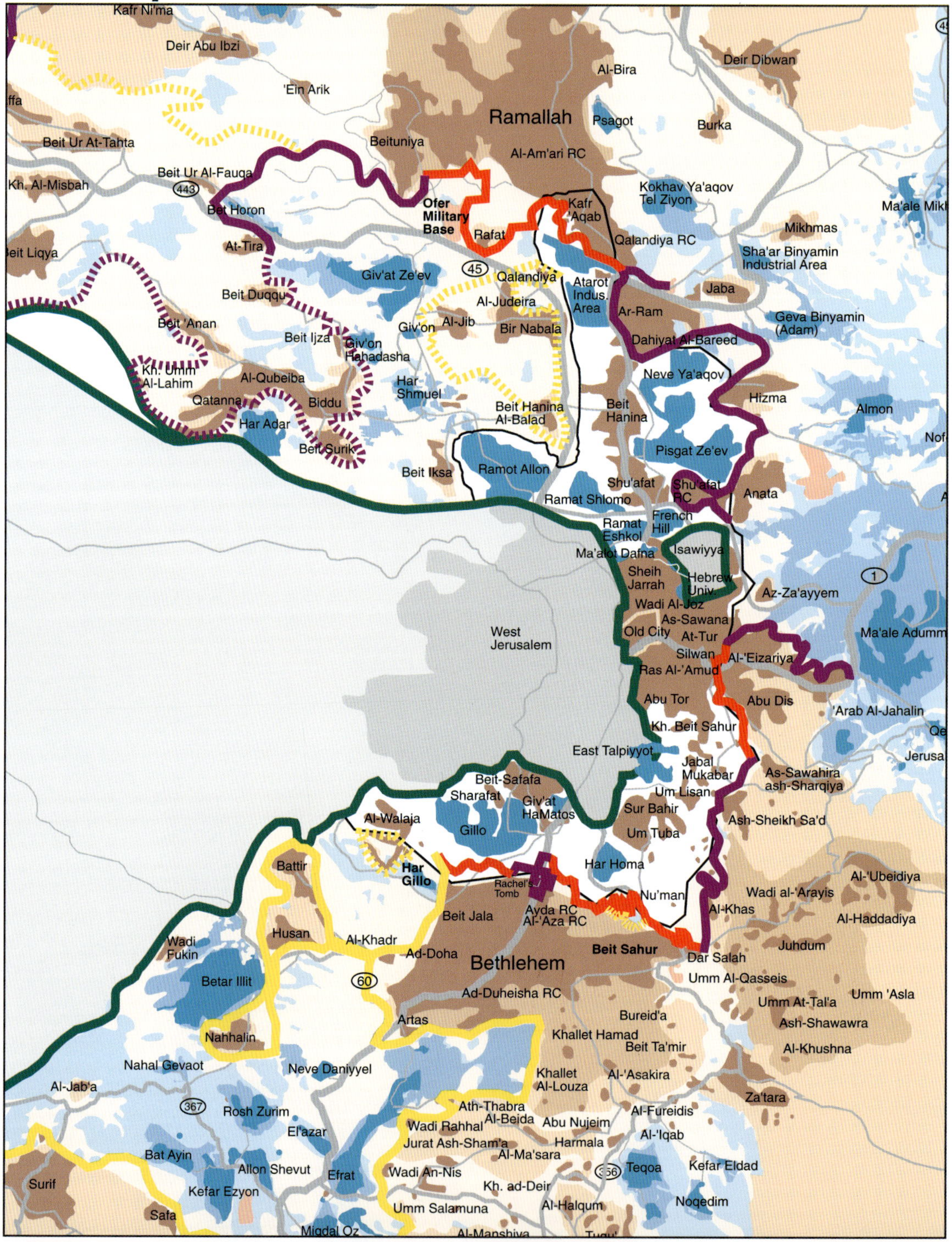

B'TSELEM

- Completed Barrier
- Dismantled Barrier
- Barrier Under Construction
- Voided by Israel's High Court
- Approved Barrier
- Approved Secondary Barrier
- Green Line (1949 Armistice Line)
- Road

- Built-up Area (Settlement)
- Area within Municipal Boundary (Settlement)
- Regional Council Jurisdictional Area (Settlement)
- Area Annexed to Israel
- Built-up Area (Palestinian)
- Area A
- Area B
- Area C

Die Sperranlage in Jerusalem

.Fertiggestelltes Teilstück der Sperranlage
.Zurückgebautes Teilstück der Sperranlage
.Im Bau befindliches Teilstück der Sperranlage
.Vom israelischen Obersten Gericht für rechtswidrig erklärter Verlauf der Sperranlage
.Genehmigter Verlauf der Sperranlage
.Genehmigter Verlauf der zusätzlichen Sperranlage
.Grüne Linie (Waffenstillstandslinie von 1949)
.Straße

.Bebautes Gebiet (Siedlung)
.Gebiet innerhalb kommunaler Grenzen (Siedlungen)
.Gebiet unter rechtlicher Hoheit der Regionalverwaltung (Siedlung)
.Von Israel annektiertes Gebiet
.Bebautes Gebiet (Palästinensische Ortschaft)
.A-Zone
.B-Zone
.C-Zone

The Wall in the West Bank

Produced by PALDIS for:

PENGON - Anti-Apartheid Wall Campaign

This map is an insert in the PENGON publication: *The Wall in Palestine: Facts, Testimonies, Analysis and Call to Action*

This Map depicts the entire completed and projected Wall according to the Israeli military's recommendations, which is to run the length of close to 600 kilometers. The map clarifies the overall implications of the Wall: to isolate large tracts of lands from their owners and create relatively "larger" and "smaller" Palestinian cantons and enclaves.

Over 200 communities are directly affected by the Wall, either by being isolated outside of the projected cantons or by being separated from their lands by the Wall. Close to one-half of the West Bank is walled-in, the other half in areas expected to be in the illegally-controlled "Israeli-part" of the West Bank; in these areas settlement expansion and creation are expected to dramatically increase in the process of Israel's de facto control of these areas.

Local Impacts 1 : Baqa Sharqiya

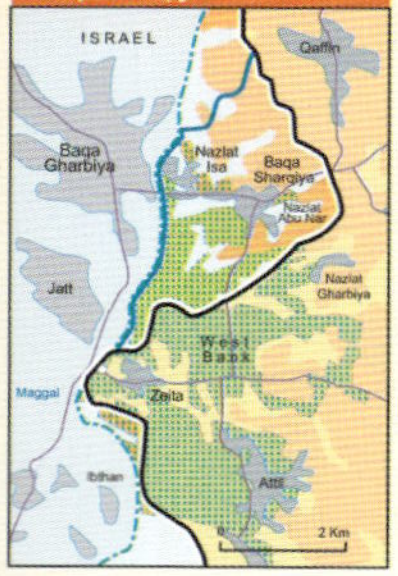

Focusing-in on portions of the Tulkarem and Qalqiliya districts, the Local Impacts Maps highlight the purpose behind the Wall and its path.

Affected communities are finding huge parts of their lands isolated and inaccessible, while the lands themselves are fertile and represent the backbone of personal, communal and national agricultural development as well as general survival.

The Wall includes settlements on the so-called "Israeli side" of the Wall, promoting their expansion as well as the building of networks to integrate these occupied lands into Israel.

LOCAL IMPACTS LEGEND

- Israeli Wall Completed July 2003
- Additional Fence
- Green Line
- Palestinian Cultivation G = Greenhouses F = Fruit Trees
- Palestinian Roads
- Israeli Highways and Settlement Access Roads / Projected
- Palestinian Localities / Municipal Limits (Falamya and Jayyus)
- Israeli Settlements / Proposed or Projected Expansion

Local Impacts 2 : Qalqilya and Surroundings

WEST BANK MAP LEGEND

- Israeli Wall Completed, Approved and Projected (See Regional Impacts Diagram)
- Settlement Blocs beyond the Wall Demanded to be included by
- Israeli Settlements
- Israeli (Re)Constructed Highways and Settlement Access Roads / Road No.

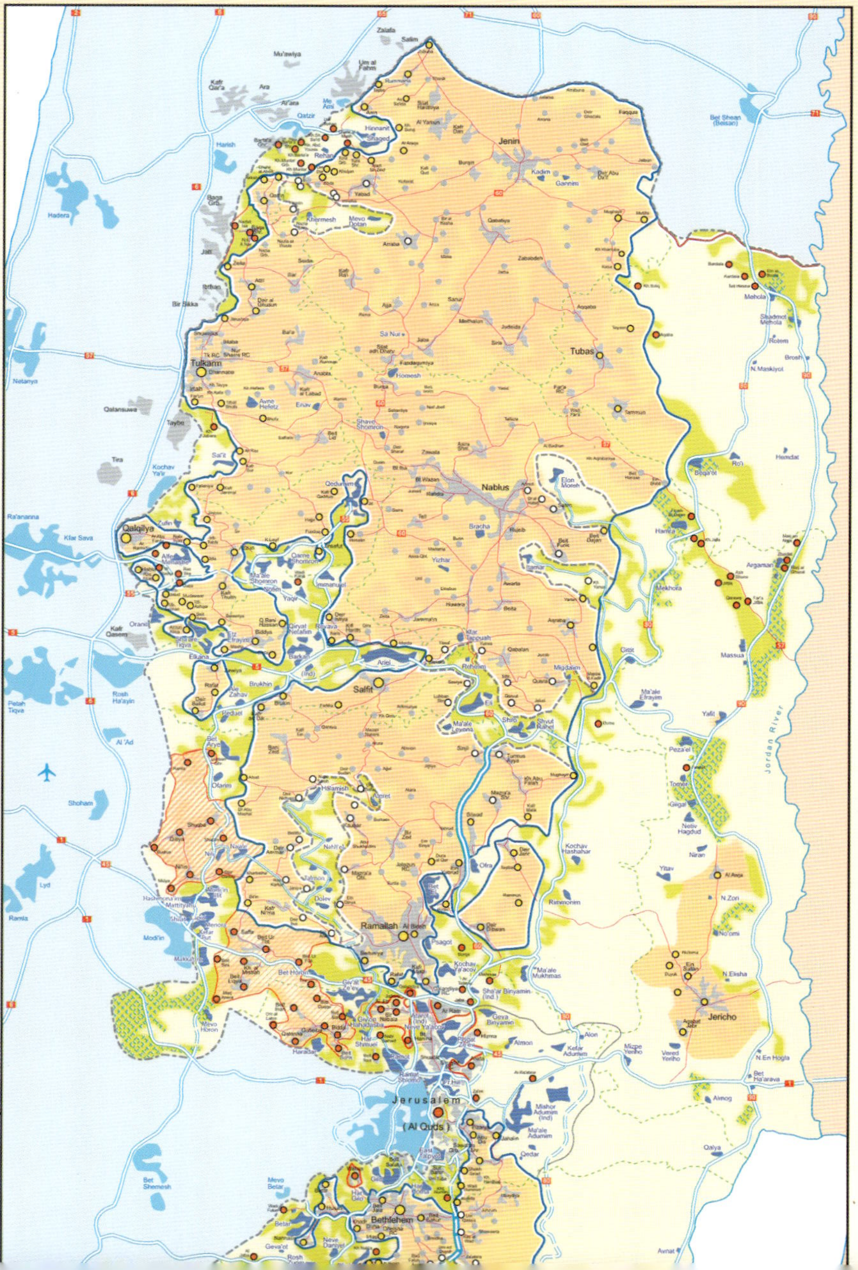

The control of lands, the encaging of countless communities and the destruction of potential rural and urban growth only further highlights the goals of the Wall. The magnitude of the Wall is clear, in that, ultimately, no community will remain free from its affects. No viable state is possible; an end to the Occupation of lands occupied in 1967 is farther away.

The Diagram below shows the impacts of the Wall at a regional level, that of the Palestinian Districts. Impacts are depicted according to a range of "comparitively moderate" to "extreme" based on aggregate criteria such as territorial cohesion, isolation of Palestinian lands and communities, and road contiguity.

Regional Impacts

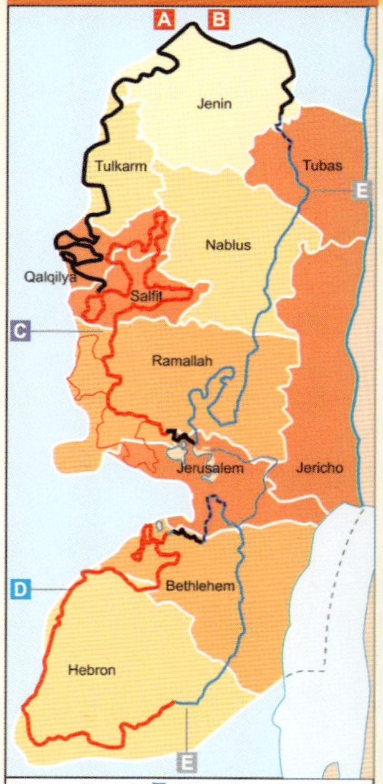

In November 2003, evidence has surfaced of an additional so-called "Jerusalem Envelope" Wall. It is meant to separate Palestinian suburbs like Ar Ram from the City, while closely tying settlements like Ma'ale Adumim to the City.

Basic Numbers

West Bank Land Areas After the Wall

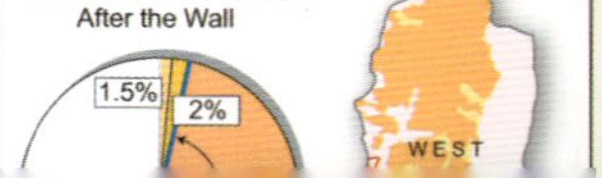

www.stopthewall.org

Israelische Siedlungen

Israelische Siedlungen

Die Siedlungen in den besetzten palästinensischen Gebieten sind eines der bedeutendsten Hindernisse für die Regelung des israelisch-palästinensischen Konflikts. Seit der israelischen Besetzung des Westjordanlandes, des Gaza-Streifens und Ostjerusalems im Zuge des Juni-Krieges von 1967 haben **alle israelischen Regierungen** den Bau von Siedlungen gezielt vorangetrieben, um die israelische Kontrolle über diese Gebiete zu festigen und die Gründung eines palästinensischen Staates zu erschweren.

Das palästinensische Dorf al-Walaja südwestlich von Jerusalem, im Hintergrund die israelische Siedlung Har Gilo. *(4)

Blick auf die israelische Siedlung Betar Ilit vom palästinensischen Dorf el-Khader, Januar 2003. *(6)

In der ersten Phase nach der Besetzung handelten die israelischen Regierungen (Arbeitspartei) entsprechend dem so genannten **Alon-Plan**. Dieser sah zunächst den Bau von Siedlungen nur in Gebieten vor, die als wichtige „Sicherheitszonen" in Besitz genommen wurden und eine geringe palästinensische Bevölkerungsdichte aufwiesen: um Jerusalem, im Jordantal und Teilen des Hebronberges. Seit Regierungsübernahme des Likud-Blocks 1977 erweiterte Israel den Siedlungsbau auf fast alle Teile der Besetzten Gebiete; insbesondere in der Nähe von dicht besiedelten palästinensischen Ortschaften. Diese Siedlungspolitik basiert sowohl auf ideologischen als auch auf sicherheitspolitischen Abwägungen.

Die Siedlung Ramot (rechts) und das palästinensische Dorf Beit Iksa bei Jerusalem, September 2004. (Quelle: Salah Kanaan)

Als Folge dieser Politik leben heute nach Angaben von B'Tselem etwa **382.000 israelische Staatsbürger als Siedler** (Stand: Mai 2002 – aktuelle Schätzungen liegen bei 400.000) in etwa 152, vom israelischen Innenministerium anerkannten Siedlungen im Westjordanland, dem annektierten Ostjerusalem und dem Gaza-Streifen. Etwa 198.000 Siedler leben in 123 Siedlungen im Westjordanland, ca. 177.000 in 12 Siedlungen in Ostjerusalem, ca. 7.000 leben in 17 Siedlungen im Gaza-Streifen.

Über 100 sogenannte Siedlungsaußenposten (**Outposts**) – kleine, abseits gelegene Siedlungen, die häufig nur aus wenigen Wohncontainern bestehen und als Kern für die Entwicklung neuer Siedlungen dienen sollen – werden vom israelischen Innenministerium nicht anerkannt. Die teilweise stattfindenden Räumungen solcher Outposts werden zwar medienwirksam inszeniert, stellen aber keine Einschränkung der eigentlichen Siedlungspolitik dar.

Die Siedlungen sind **strategisch positioniert**, z.B. im Jordangraben, als Siedlungsgürtel um Jerusalem, um die Stadt vom übrigen Westjordanland abzutrennen und die israelische Kontrolle über die Stadt zu sichern, in der Nähe palästinensischer Ortschaften, um deren Wachstum zu beschränken oder auch in der

Das palästinensische Dorf Nahalin in unmittelbarer Nähe der expandierenden Siedlung Betar Ilit, Januar 2003. *(6)

Die israelische Siedlung Ariel expandiert auf dem Land des palästinensischen Dorfes Marda.In den oberhalb des Dorfes gelegenen Olivenhainen wird die Mauer gebaut werden. *(4)

Israelische Siedler zerstören ein palästinensisches Geschäft in Hebron. *(10)

Die Siedlung Har Homa auf dem Hügel Jabal Abu Ghneim, im Süden Jerusalems. *(4)

Nähe wichtiger Wasserressourcen, um den Zugang zu diesen zu kontrollieren. Seit 1967 hat Israel durch ein komplexes System rechtlicher und bürokratischer Mechanismen etwa 50 Prozent des Territoriums des Westjordanlandes und 25 Prozent des Gaza-Streifens konfisziert. Das so beschlagnahmte Land kommt dem Siedlungsbau und -ausbau zugute, während palästinensische Ortschaften hingegen in der Entwicklung ihrer Infrastruktur behindert und durch ein **Netz aus Siedlungen und Umgehungsstraßen**, die nur vom israelischen Militär und Siedlern genutzt werden dürfen, voneinander getrennt werden. Das zentrale Mittel der **gezielten israelischen Landnahmepraxis** besteht seit 1979 darin, Boden in den Besetzten Gebieten als „Staatsland" zu deklarieren und einzutragen. Dieser Vorgang basiert auf der manipulativen Anwendung des Osmanischen Landgesetzes vom 1858, das am Tage der Besetzung gültig war. Andere Systeme der Landnahme, die Israel seitdem anwendet, basieren auf unterschiedlichen Rechtsgrundlagen: Entweder wird das Land für militärische Zwecke enteignet, oder aber der Besitz wird für „verlassen" erklärt und verstaatlicht. Des Weiteren leistet Israel Privatpersonen Hilfe, Land auf dem „freien Markt" zu erwerben.

In den Besetzten Gebieten kommt ein **doppeltes Rechtssystem** zur Anwendung. Israel hat das Westjordanland und den Gaza-Streifen nicht offiziell annektiert, wendet jedoch israelisches Recht sowohl auf die Siedlungen als auch auf die Siedler an, obwohl im Westjordanland und im Gaza-Streifen jordanische, ägyptische und militärische Gesetze Anwendung finden. Dadurch hat Israel de facto die Siedlungen annektiert. Als Folge der Einverleibung der Siedlungen entstand in den Besetzten Gebieten auf gesetzlicher Basis eine staatliche Praxis der Trennung und Diskriminierung. In deren

Die Umgehungsstraße zur israelischen Siedlung Ma'ale Adumin schlägt eine Schneiße zwischen der palästinensischen Kleinstadt al-Azzariya und dem Dorf Za'im. *(6)

Blick auf die Siedlung Har Homar (Jabbal Abu Gheim),
südlich von Jerusalem, September 2004. *(11)

Rahmen existieren im selben Territorium zwei verschiedene Rechtssysteme, wobei die Rechte des Einzelnen aufgrund seiner nationalen Zugehörigkeit festgelegt werden. Das doppelte Rechtssystem soll die Existenz der Siedlungen legitimieren. Zugleich verletzt Israel damit eine Reihe von elementaren Rechten der Palästinenser, unter anderem das Recht auf Wahl des Wohnsitzes, das Recht auf Bewegungsfreiheit und auf Lebensunterhalt.

Siedlergewalt in Hebron. *(1)

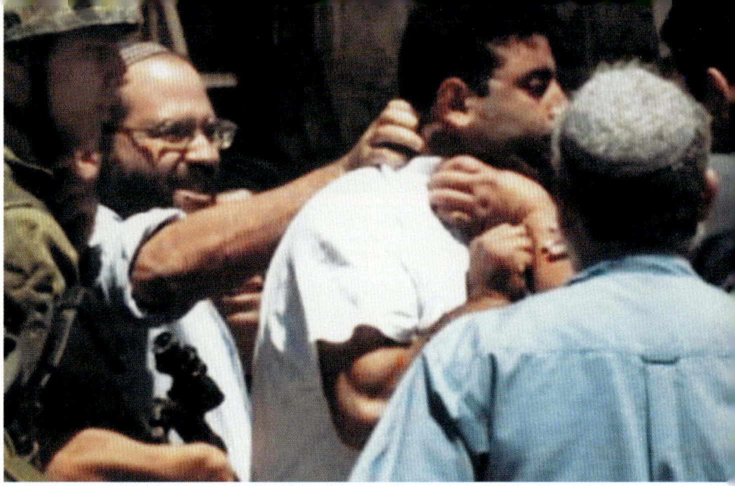

Umgehungsstraße zur Siedlung Gilo bei Jerusalem.

Bei gewälttätigen Ausschreitungen von israelischen Siedlern wurde am 27. Juli 2002 die 14-jährige Nizin Jamjoum getötet. *(10)

Die **israelische Regierung fördert** durch finanzielle Anreize – etwa durch günstige Kredite, Kaufpreise bzw. Mieten, Steuervergünstigungen, Vergünstigungen für Schulkinder, hohe Zuschüsse für die Siedlungskommunen – den **Zuzug in die Siedlungen**. Die überwiegende Mehrheit der Siedler lebt daher aus Gründen der „Lebensqualität" in den Siedlungen, nur eine Minderheit aus ideologischen Gründen. Vor allem in kleinen Siedlungen oder in unmittelbarer Nähe palästinensischer Ortschaften leben **radikale, religiös motivierte Siedler**, die auch mit Gewalt gegen Palästinenser vorgehen, Eigentum zerstören, Felder und Brunnen verwüsten und Wasserleitungen und Straßen blockieren. Besonders angespannt ist die Situation in **al-Khalil / Hebron**, wo etwa 450 Siedler inmitten von 130.000 Palästinensern leben. Seit Beginn der ersten Intifada (1987) wurden bis Mai 2003 nach Angaben von B'Tselem 145 Palästinenser von israelischen Zivilpersonen in den Besetzten Gebieten getötet. Die palästinensische Bevölkerung in den Besetzten

Israelische Siedler attackieren eine palästinensische Passantin in Hebron. *(10)

Gebieten unterliegt der Hoheitsgewalt Israels; daher ist Israel für deren Sicherheit und Schutz verantwortlich. Während bei der Ahndung strafrechtlicher Verstöße von Palästinensern gegen israelische Zivilisten volle Rechtsmittel und teilweise auch nicht mit dem Völkerrecht übereinstimmende Mittel angewendet werden, geht die israelische Armee kaum gegen Ausschreitungen der Siedler vor, die strafrechtliche Verfolgung ist unzureichend oder unterbleibt.

Der israelische Siedlungsbau stellt eine **Verletzung des internationalen Rechts** dar, u.a. **der IV. Genfer Konvention** von 1949, die untersagt, dass eine Besetzungsmacht Teile ihrer eigenen Zivilbevölkerung in das von ihr besetzte Gebiet umsiedelt. Das **IV. Haager Abkommen** verbietet die Beschlagnahme von Privatbesitz in besetztem Gebiet. Der UN-Sicherheitsrat, die UN-Vollversammlung, andere unabhängige Organe der UN und das Internationale Rote Kreuz bestätigten diesen Verstoß gegen internationales Recht in zahlreichen Resolutionen und Erklärungen, wie z.B. in der Erklärung der Hohen Vertragsstaaten der IV. Genfer Konvention vom 5. Dezember 2001 und der Resolution der UN-Generalversammlung vom Dezember 2003.

Durch Bethlehem verlaufende Umgehungsstraße, die nur von Siedlern benutzt werden darf. *(4)

Die Siedlung Ramot (links) und die palästinensische Ortschaft Beit Hanina bei Jerusalem, September 2004. (Quelle: Salah Kanaan)

Ein Bulldozer der israelischen Armee zerstört ein palästinensisches Wohnhaus in der Nähe der Hauptverbindungsstraße zur israelischen Siedlung Nezarim im Gaza-Streifen. *(8)

Während des **Oslo-Friedensprozesses** gehörten die Siedlungen zu den Themen, die in einem Endstatusabkommen geregelt werden sollten; dennoch wurde der Siedlungsbau noch beschleunigt. Eklatantestes Beispiel war der Baubeginn für die Siedlung Har Homa, mit der der Siedlungsgürtel um Jerusalem geschlossen wurde. Seit der Unterzeichnung der Oslo-er Prinzipienerklärung hat Israel die Zahl der Siedler verdoppelt. Unter dem Vorwand des „natürlichen Wachstums" werden **weiterhin neue Siedlungen** errichtet und lediglich als „neue Wohnviertel" bezeichnet.

Wasser

Seit 1967 übt **Israel die Kontrolle über die Wasserressourcen** in den Besetzten Gebieten aus und reglementiert den Zugang der palästinensischen Bevölkerung zu dieser lebenswichtigen Ressource. Die **klimatisch bedingte Wasserknappheit** wird durch ein starkes **Ungleichgewicht in der Wassernutzung zuungunsten der palästinensischen**

An der Quelle von Kufr Niámeh, bei Ramallah. *(1)

Das ungeklärte Abwasser aus der Siedlung Immanuel (südlich von Nablus) verschmutzt die Wasserquellen des palästinensischen Dorfes Deir Istia im Quana-Tal. *(5)

Eine Familie im Dorf Ranti (Westjordanland) transportiert Wasser für den täglichen Bedarf. *(5)

Bevölkerung besonders akut. Während große Teile des Oberflächenwassers des Jordan und der Grundwasservorkommen der sog. Aquiferen im Westjordanland (grundwasserführende Bodenschichten) nach Israel abgeleitet werden, um dort und in den israelischen Siedlungen in den Besetzten Gebieten einen immensen Wasserbedarf zu decken, leidet die palästinensische Bevölkerung das ganze Jahr über unter starkem Wassermangel. Diese **diskriminierende und nicht ausreichende Wasserversorgung** zeigt sich darin, dass die Palästinenser nur etwa 15 bis 20 Prozent des auf ihrem Territorium zur Verfügung stehenden Grundwassers nutzen können. Ihnen bleibt außerdem die Nutzung des Oberflächenwassers des Wassereinzugsgebietes des Jordans verwehrt.

Zerstörte Hauptabwasserleitung in Beit Hanoun, Gaza-Streifen, Oktober 2004. *(5)

Zerstörte Kanaldeckel im Flüchtlingslager Jabaliya, Gaza-Streifen, Oktober 2004. *(5)

Darüber hinaus vernachlässigt und behindert Israel den Bau von Brunnen und den Ausbau des kommunalen Leitungssystems, weil trotz des Osloer Abkommens alle Projekte zum Ausbau der Wasserversorgung von der Zustimmung Israels abhängen. Die Wassergewinnung und -versorgung in den palästinensischen Gebieten untersteht der **israelischen Wassergesellschaft Mekorot**. Durch die Anbindung palästinensischer Orte an das israelische Wassernetz seit 1982 wurde eine zusätzliche Abhängigkeit geschaffen, Genehmigungen für Brunnenbohrungen werden nur begrenzt erteilt, die Bohrtiefe für Brunnen wird geringer als die für Bohrungen in den Siedlungen festgelegt.

Zerstörte Brunnenanlage bei Gaza. *(5)

Dieser zum palästinensischen Dorf Attil gehörende Wasserspeicher befindet sich zwischen Mauerverlauf und "Grüner Linie" und wird dadurch vom Dorf abgeschnitten. *(4)

Vor allem im Sommer leiden die an das öffentliche Wassernetz angeschlossenen palästinensischen Ortschaften unter Wassermangel und müssen zusätzliches Wasser aus Tankwagen ankaufen, das drei- bis fünfmal teurer ist als Wasser aus dem öffentlichen Netz. Wasser wird regelmäßig in die Siedlungen umgeleitet, um deren Bedarf zu decken. Im Zuge der Al-Aqsa-Intifada hat Mekorot seine Versorgungskapazität in vielen palästinensischen Ortschaften gedrosselt bzw. in einigen Fällen die Versorgung eingestellt, die Instandhaltung wird vernachlässigt. Etwa 12 Prozent der palästinensischen Bevölkerung haben **keinen Zugang zu öffentlichem Trinkwasser**, denn etwa 218 palästinensische Ortschaften sind nicht an das öffentliche Wassernetz angeschlossen. Sie müssen ihren Wasserbedarf durch **Regen- oder Quellwasser**, das mit Plastikflaschen und Kanistern herbeigeschafft werden muss, und durch den Ankauf von Wasser aus Tankwagen decken. Weil seit Beginn der Al-Aqsa-Intifada durch Restriktionen die Arbeitslosigkeit und damit die Armut unter der palästinensischen Bevölkerung drastisch angestiegen sind, können viele Familien ihre Wasserrechnungen bzw. **zusätzliches Wasser aus Tankwagen** nicht bezahlen. Das zur Verfügung stehende Wasser ist durch Versalzung (aufgrund von Überpumpung) oder

Mädchen auf dem Weg zum Wasserholen an der Quelle von Kufr Niámeh, bei Ramallah. *(1)

durch Abwässer und Düngemittel verunreinigt, überwiegend von schlechter Qualität und verursacht zahlreiche Erkrankungen. Besonders akut ist die Situation im Gaza-Streifen, wo das als Trinkwasser genutzte Wasser oft nicht den Brauchwasserstandard erfüllt. Aufgrund der Beschränkungen der Bewegungsfreiheit der palästinensischen Bevölkerung durch Ausgangssperren, Abriegelungen und Checkpoints wird auch die Wasserversorgung zusätzlich beeinträchtigt: Tankwagen können nicht an ihre Bestimmungsorte gelangen bzw. der Wasserpreis erhöht sich aufgrund gestiegener Transportkosten; der Zugang zu Quellen wird erschwert oder unmöglich. Das Ausmaß der Wasserknappheit auf palästinensischer Seite wird besonders deutlich am Vergleich des **täglichen Pro-Kopf-Wasserverbrauchs**; dieser liegt bei der palästinensischen Bevölkerung im Westjordanland bei 60 Litern, ein Israeli verbraucht durchschnittlich 350 Liter am Tag. Vor allem die israelischen Siedlungen weisen einen immensen Wasserverbrauch auf. Die Wasserknappheit hat auch unmittelbare negative Auswirkungen auf die palästinensische Landwirtschaft, der Haupteinkommensquelle vieler Palästinenser.

Abwassereinleitung aus der israelischen Industrie-Siedlung Barkan (nordwestlich von Salfit). Die Abwässer werden auf palästinensische Felder geleitet und verschmutzen das Grundwasser. *(5)

Durch israelische Militäraktionen wurden große Teile der Infrastruktur für Wasser und Abwasser zerstört: Wasserpumpen, Leitungen, Generatoren, Zisternen, Wassertanks auf Hausdächern. Abwässer aus israelischen Siedlungen, Industrie- und Militärlagern verschmutzen zudem Grundwasser und Boden in den Besetzten Gebieten.

Im Oslo-II-Abkommen von 1995 wurden Regelungen über die Wasserverteilung getroffen, die jedoch die israelische Kontrolle über die Wasserressourcen praktisch nicht beschneiden und für die gemeinsame Wassernutzung v.a. vorsehen, den absoluten Anteil Israels nicht zu reduzieren. Das eingerichtete gemeinsame Wasserkomitee (JWC) entscheidet über Wasserprojekte. Beschlüsse müssen einstimmig getroffen werden; Israel kann durch sein Veto alle Projekte blockieren.

Nach internationalem Recht müssen Wasserressourcen fair nach dem Bedarf der jeweiligen Anrainer aufgeteilt werden. Israel beutet jedoch die Wasserressourcen der Besetzten Gebiete für sein eigenes Staatsgebiet zum Nachteil der Palästinenser im Verhältnis von 4:1 aus. Darüber hinaus verstößt Israel in der Frage der Wasserverteilung gegen das IV. Haager Abkommen (1907) und IV. Genfer Konvention (1949).

An der Quelle von Kufr Niámeh, bei Ramallah. *(1)

Wassernutzung
und Vorkommen.

Bildquellen

Bildquellen

*(1) WAFA (Palestine News Agency), Central Photographic, Ramallah, Palästina

*(2) PSC (Palestine Solidarity Campaign), London

*(3) Anne Paq / Al-Haq (Palestinian Human Rights Information Center), Ramallah, Palästina

*(4) PENGON (Palestinian Environmental NGOs Network), Anti-Apartheid Wall-Campaign, Beit Hanina, Palästina

*(5) PHG (Palestine Hydrology Group), Ramallah, Palästina

*(6) Geoffrey Aronson, FMEP (Foundation for Middle East Peace), Washington, DC

*(7) UNRWA (United Nations Works and Relief Agency)

*(8) Hatem Moussa (hatem_78@hotmail.com)

*(9) Al-Ayyam, Tageszeitung, Ramallah, Palästina

*(10) Palestine Monitor, Ramallah Palästina

*(11) ARIJ (Aplied Research Institute Jerusalem), Bethlehem, Palästina

PASSIA (Palestinian Academic Society for the Study of International Affairs), Jerusalem

B'Tselem (The Israeli Information Center for Human Rights in the Occupied Territories), Jerusalem

Linkliste

Für weitere Informationen zum Thema des Buches empfehlen wir folgende Internet-Seiten.

www.alternativenews.org

www.arendt-art.de

www.alhaq.org

www.arij.org

www.btselem.org

www.dpfv.org

www.fmep.org

www.gush-shalom.org

www.miftah.org

www.palestinemonitor.org

www.passia.org

www.pengon.org

www.phrmg.org

www.stopthewall.org

www.watzal.com

Salah Kanaan, zugelassener Rechtsanwalt in Israel, Doktorand am Fachbereich Rechtswissenschaft der Universität Bremen.

Anja Zückmantel, M.A., Historikerin, Doktorandin am Seminar für Mittlere und Neuere Geschichte der Universität Göttingen.

Kontakt: photoausstellungpalaestina@web.de
www.photoausstellungpalaestina.de

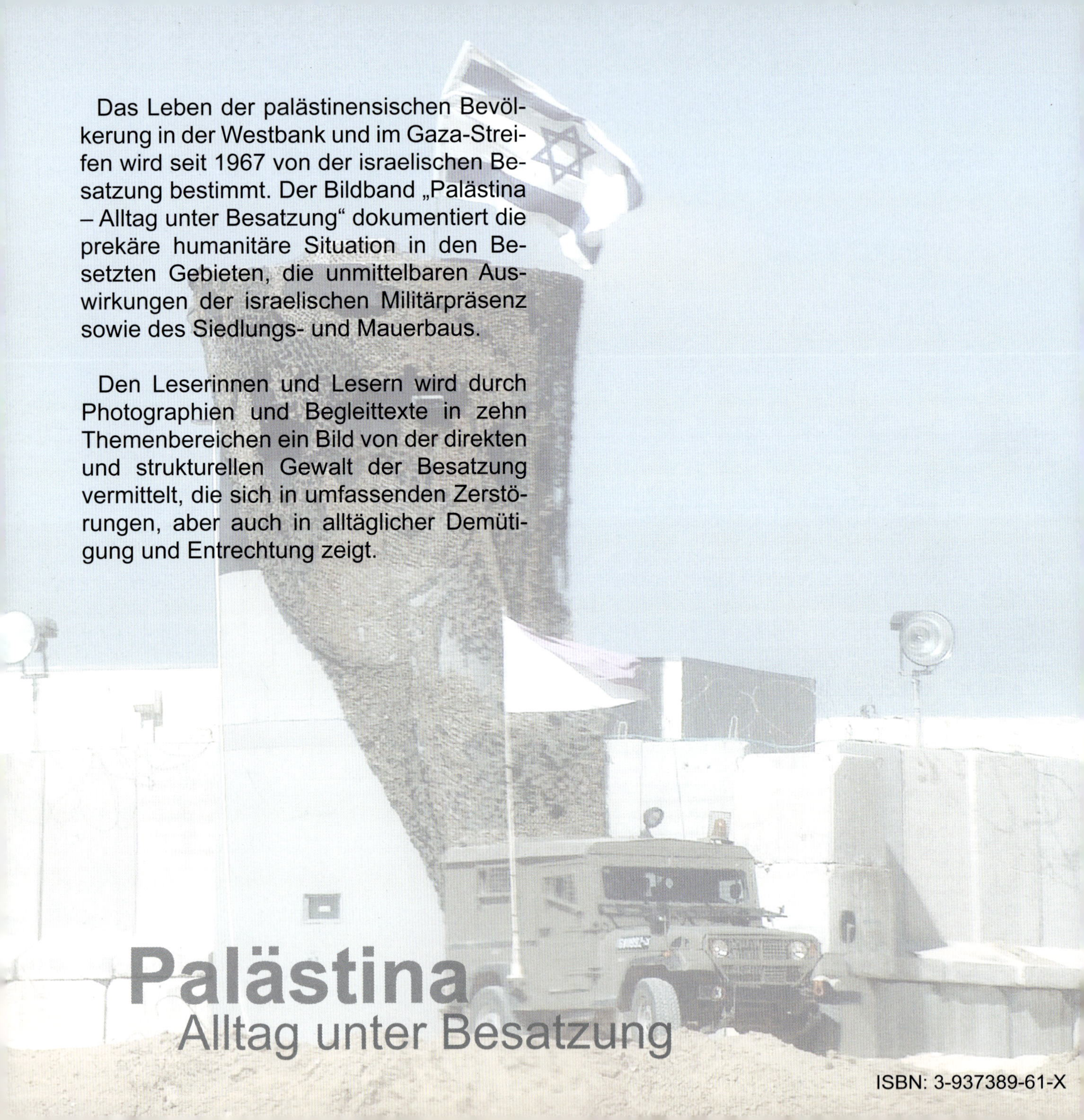

Das Leben der palästinensischen Bevölkerung in der Westbank und im Gaza-Streifen wird seit 1967 von der israelischen Besatzung bestimmt. Der Bildband „Palästina – Alltag unter Besatzung“ dokumentiert die prekäre humanitäre Situation in den Besetzten Gebieten, die unmittelbaren Auswirkungen der israelischen Militärpräsenz sowie des Siedlungs- und Mauerbaus.

Den Leserinnen und Lesern wird durch Photographien und Begleittexte in zehn Themenbereichen ein Bild von der direkten und strukturellen Gewalt der Besatzung vermittelt, die sich in umfassenden Zerstörungen, aber auch in alltäglicher Demütigung und Entrechtung zeigt.

Palästina
Alltag unter Besatzung

ISBN: 3-937389-61-X